Sylvia Lendner-Fischer · Bewegte Stille

Sylvia Lendner-Fischer

Bewegte Stille

Wie Kinder ihre
Lebendigkeit ausdrücken
und zur Ruhe finden

Ein Praxisbuch

Kösel

© 1997 by Kösel-Verlag GmbH & Co., München
Printed in Germany. Alle Rechte vorbehalten
Satz und Bindung: Kösel, Kempten
Druck: Appl Aprinta, Wemding
Umschlag: Elisabeth Petersen, München
Umschlagfoto: Mauritius / Superstock
Fotos: Sylvia Lendner-Fischer
ISBN 3-466-30428-8

2 3 4 5 · 01 00 99 98

Inhaltsverzeichnis

Vorwort

Bevor mein kleiner Freund Franz-Xaver 1993 diese Erde im Alter von 11 Jahren verließ, gab er mir folgende Botschaft mit auf den Weg: »Liebe alle Kinder dieser Erde, schütze sie, schenke ihnen dein Herz und deine Freude, so, wie du sie mir gegeben hast.«
Um diesen Auftrag der Liebe ausführen zu können, habe ich mein Wissen und meine Erfahrungen gesammelt und in diesem Buch vereint. Auf diese Weise kann auch ein größerer Kreis von Interessenten davon profitieren. Vielleicht haben auch Sie Freude an dieser Sammlung von Ideen und Vorschlägen und können sie in Ihrer Arbeit mit Kindern umsetzen. Damit viele Kinder dieser Erde spüren, dass es die Liebe wirklich gibt. Ich widme dieses Buch ihnen allen und auch jenen Menschen, die Liebe in der Welt verbreiten.

Danken möchte ich an dieser Stelle all jenen, die mich bei meiner Arbeit an diesem Buch unterstützt und mir geholfen haben.
Besonders bedanken möchte ich mich bei meiner Familie, die es mir von klein auf ermöglichte, kreative Wege zu gehen. Ebenso meinem Mann, der mich von Anfang an in der Bewegungs- und Meditationsarbeit unterstützt und sich für mich und dieses Buch unermüdlich eingesetzt hat, und meinen Freunden, die mir stets zur Seite standen. Herzlich sei auch allen Kolleginnen gedankt, an erster Stelle natürlich dem Kindergartenteam Nußdorf, allen voran der Kindergartenleitung und Freundin Barbara Halaby, mit deren Unterstützung und Motivation die Arbeit gelingen konnte.

Danken möchte ich auch Gabi Hirl, die meine handschriftlichen Aufzeichnungen in den Computer eingegeben und mir darüber hinaus viele wertvolle Tipps für die Gestaltung des Buches gegeben hat. Ebenfalls danke ich Wolfgang und Silke Schreiner, deren gute Ratschläge mir in vielem weiter geholfen haben.
Mein ganz besonderer Dank gilt aber auch den Kindern, die mit uns gemeinsam die Reisen in die Welt der Stille und Bewegung unternommen, und deren Eltern, die der Veröffentlichung der Fotos zugestimmt haben.

Einleitung

Entspannung und Stressabbau bei Kindern sind Dinge, die in unserer täglichen pädagogischen Praxis von großer Bedeutung sind. Wie der Titel des vorliegenden Buches schon ahnen lässt, sind die beiden Komponenten Bewegung und Stille hierfür besonders relevant.

Erst die Kombination von beiden schafft die ideale Voraussetzung für das Kind, sich wirklich von Stress und dem dadurch bedingten Unwohlsein zu befreien. Wenn wir an Bewegung und Stille denken, glauben wir zuerst vielleicht, dass es sich dabei um Gegensätze handelt. Dem ist aber nicht so. Ich erfuhr sie vielmehr als zwei Seiten einer Medaille, die einander ergänzen. Gerade weil der Bewegungsdrang bei Kindern um vieles stärker ist als bei Erwachsenen, muss ihm im Alltag genügend Raum und Zeit gegeben werden. Andernfalls können Kinder auch nur schwer zu sich selbst und zur Stille finden.

Die Bewegung führt uns nicht nur in die äußere Welt, sondern lässt uns auch in unser Innerstes eintreten. Indem wir unseren Körper bewegen, nutzen wir die Möglichkeit, Spannungen abzubauen, um dann zu unserer Seele und unserem ursprünglichen Geist vorzudringen. Wir erleben, dass sich Körper, Geist und Seele langsam aufeinander zubewegen und wieder in Einklang kommen. Gelingt uns dies, fühlen wir uns wieder geborgen in der Quelle unseres Lebens. Wir sind dann glücklich und frei!

Die Stille lehrt uns Einfachheit. Sie lässt uns die Strapazen unseres komplizierten Lebens vergessen. In der Stille begegnen wir unseren Gefühlen und haben Zeit ihnen nachzuspüren. Oft sind wir davon sehr bewegt. Wenn wir uns von der Stille bewegen lassen, öffnet sich uns ein Weg zum freudvollen Leben.

So erleben es auch Kinder, wenn sie sich bewegen und zur Stille finden. Auf diese Weise befreien sie sich von der Überflutung ihrer Sinne durch äußere Reize. Jene Überflutung hat sehr oft körperliche, seelische oder geistige Auswirkungen. Aggressionen, Ängste und nicht zuletzt auch Isolation können entstehen. Als Erzieher sollten wir uns bemühen, dieser starken Überreizung im Leben der Kinder etwas entgegenzusetzen, damit sie gesund und fröhlich bleiben können. Aus diesem Grund habe ich schon vor Jahren begonnen, Möglichkeiten zum Stressabbau für Kinder zu entwickeln, die auch der Prävention dienen.

Als Basis für meine Arbeit halfen mir meine Erfahrungen aus der integrativen Körpertherapie, der Tanztherapie, der Ganzheitlichen Massage und meiner langjährigen Meditationspraxis. Daher finden sich in diesem Buch nur Übungen, die im Erziehungsalltag erprobt worden sind. Sie alle sind für Kindergarten- und Grundschulkinder gedacht (natürlich eignen sich diese Übungen ebenfalls für Eltern). Sie werden aber bald merken, dass die Übungen im Grunde »altersunabhängig« sind und für Menschen jeden Alters bereichernd sein können. Sicherlich ist eine situationsbedingte Abänderung der Übungen je nach Alter, Gruppenstärke oder Gruppenstruktur unabdingbar. Lassen Sie dann Ihre eigenen Ideen walten! Wichtig ist es, die Übungen oft zu wiederholen, um zum gewünschten Erfolg zu gelangen. Wie viel Sie üben hängt von Ihrer Gruppe und Ihrer Zielsetzung ab. Kleinere Kinder z.B. lieben Wiederholungen und brauchen sie deshalb auch.

Die Übungen, die ich entwickelt habe, sollen Ihnen einen Einstieg ermöglichen, Sie anregen und Ihnen Mut machen, mit Kindern diesen Bereich zu entdecken. Ich selber lasse mich beim Entstehen der Übungen einfach von meiner Intuition leiten; die australischen Ureinwohner würden dazu vielleicht sagen, dass ich meinem »Traumpfad« folge.

Es würde mich sehr freuen, wenn ich mit diesem Buch dazu beitragen kann, dass Sie als Eltern, Erzieher oder Lehrer Ihren eigenen Traumpfad finden und dadurch Ihre eigenen Kräfte und Ihre eigene Kreativität entdecken können. Dann werden Sie die richtigen Übungen zur rechten Zeit selbst entwickeln und sich Ihres unerschöpflichen Reichtums bewusst werden.

9

Was Sie wissen sollten, bevor Sie mit den Übungen beginnen

Beobachtung der Kinder

Ob die Kinder Bewegung brauchen, ist von Fall zu Fall zu entscheiden. Daher ist es wichtig, die Gruppe genau zu beobachten und dann abzuwägen. Da Kinder angestaute Emotionen und Eindrücke sehr gut über Bewegungen abbauen können, sind sie als Vorbereitung für Stille-Übungen sehr sinnvoll. Kinder sind im Anschluss daran aufnahmebereiter für die ruhigeren Übungen. Sollte Bewegung aber ohnehin schon ein Bestandteil der Übung sein, muss sie nicht eigens der Übung vorgeschaltet werden.

Wenn Sie bemerken sollten, dass die Gruppe noch mehr Bewegung vorher braucht, dann spielen Sie ein lustiges Musikstück, z.B. *Polkaparty* von James Last, und lassen die Kinder frei dazu tanzen. Fügen Sie dann ein ruhiges Stück an, damit die Kinder schon in die Stille-Übung gelenkt werden. Eine andere Möglichkeit besteht darin, dass Sie eine Bewegungsmeditation (siehe *Kreative Bewegung*) aussuchen, die die Kinder etwas zur Ruhe führt.

Manchmal lässt sich auch eine enorme Aktivität in der Gruppe beobachten und wir stellen fest, dass es sich jetzt nicht mehr um einen Befreiungsakt von Angestautem handelt, sondern die Kinder außer sich geraten und sich dadurch weder entspannen noch froh werden. In einer solchen Situation ist es empfehlenswert, die Kinder durch einen vorgegebenen Rhythmus wieder in die eigene Ordnung zurückzuführen. Sehr gut eignet sich hierfür der *Schneewalzer*, da sein 3/4-Takt die Kinder schnell ergreift, sie von der Hyperaktivität befreit und sie zu mehr Ruhe hinlenkt. Danach leiten Sie die Kinder in noch langsamere Rhythmen über oder lassen den Walzer einfach immer leiser werden, so dass mit der abnehmenden Lautstärke auch die Kinder in ihrer Bewegung immer langsamer werden.

Es kann aber auch Tage geben, an welchen weder wir noch die Kinder »still« sein können. Die beste Alternative ist und bleibt dann ein Aufenthalt im Freien. Zur Stille können wir uns niemals zwingen, sie kann nur geschehen!

Gewiss ist es anfangs nicht immer leicht, mit Kindern in die Stille einzutauchen, man braucht auch hier eine gewisse Zeit der Übung! Lassen Sie sich bitte nicht entmutigen, wenn eine Übung einmal nicht klappen sollte, tragen Sie es mit Humor, dann gibt es auch keine missglückte Übung, sondern nur eine interessante Erfahrung.

Entfaltung des ästhetischen Sinnes

Während vieler Jahre in der Arbeit mit Bewegung und Stille erfuhr ich, wie wichtig es ist, den Sinn für das Schöne in uns und dem Kind zu entwickeln. Dieser Sinn bezieht sich nicht auf rein Äußeres.

Die schönen Dinge, die wir benutzen, sollen uns zum Spiegel für die innere Schönheit des Geistes werden. Die Kinder reagieren sehr sensibel darauf und gehen achtsam mit schönen Dingen um (z.B. mit einem Edelstein, einer Glaskugel, Blumen u.ä.). Wenn wir anfangen, die Schönheit, die sich oft schon in Kleinigkeiten findet, wahrzunehmen und in unseren Übungen zu verwenden, werden wir uns auch dafür einsetzen, diese kleinen Dinge zu erhalten, statt sie zu zerstören. Wir werden dann in Beziehung treten mit Menschen, Tieren, Pflanzen und Dingen und in alledem das Schöne sehen. Darum ist es für mich von großer Bedeutung, wenn der Raum oder der Platz, in oder an dem meditative Übungen stattfinden, und die Dinge, die wir dafür gebrauchen, einen ästhetischen Rahmen bilden. Dieser soll dem Kind schon eine Ahnung von seiner eigenen inneren Schönheit vermitteln.

Die Gestaltung des Raumes (Raumgrundgestaltung)

Stille-Übungen sollten nach Möglichkeit immer an demselben Platz stattfinden. Er sollte den Kindern Sicherheit vermitteln. Ein gutes Sortiment an Kissen und Decken sowie Unterlagen, die nur für den meditativen Zweck benutzt werden, halte ich für unabdingbar. Die Kinder erfassen sofort das Geschehen, wenn sie den Raum mit diesen Dingen gestaltet vorfinden. Ich nenne diesen vorbereiteten Raum im Übungsteil *Raumgrundgestaltung*. Bei mir sieht sie immer folgendermaßen aus: Ein Teppich dient als Unterlage. Darauf befindet sich für jedes Kind ein Sitz- oder Kopfkissen mit Kuscheldecke, die Mitte wird passend gestaltet. Bei manchen Übungen dehne ich die Gestaltung des Raumes noch weiter aus, indem ich – wie z.B. bei der Delphinreise – einen blauen Stoff hinzunehme, der das Wasser symbolisiert, und eine dünne Abdeckfolie, die dem Ganzen einen besonderen

Effekt gibt. Kinder lieben das Phantasievolle. Oft ist es der gelungenen Raumgestaltung zu verdanken, wenn die Kinder für die Übungen motiviert sind. Verwenden Sie Naturmaterialien, Futterstoffe, Tücher und natürlich auch Kerzenlicht, um Atmosphäre zu schaffen. Lassen Sie dabei Ihrer Kreativität freien Lauf!

Die Gestaltung der Mitte

Die Mitte ist aus verschiedenen Gründen sehr wichtig. Einerseits verhilft sie uns zu einem guten Einstieg in die Übung, da sie unser Innerstes symbolisiert und wir uns durch ihre Betrachtung in unserer eigenen Mitte zentrieren.

Andererseits ist sie auch von großem Wert für den Ausklang einer meditativen Übung. Mit einer schön gestalteten Mitte empfangen wir die Kinder mit etwas Schönem in unserer äußeren Welt. Dadurch vermitteln wir ihnen, dass wir dem Schönen, das wir in uns selbst finden, auch in der äußeren Welt Gestalt geben können.

Weil Kinder sehr offen und empfänglich für meditative Eindrücke sein können und gerne in der Stille verweilen, müssen wir am Ende einer Übung ganz besondere Achtsamkeit aufbringen, damit wir alle Kinder wieder in der äußeren Realität verankern. Wir wollen ja erreichen, dass die Kinder eine Zeit der Entspannung erleben, um dann wieder frisch und froh im Leben zu stehen und nicht, dass sie in ihrer Traumwelt zurückbleiben. Besondere Sorgfalt bedarf dies bei Kindern, die Probleme im täglichen Leben haben. Diese neigen dann möglicherweise dazu, im Inneren zu verharren, weil sie Angst vor dem Leben »draußen« haben. Wir helfen den Kindern, wieder ganz ins Hier und Jetzt zurückzufinden, indem wir sie die schön gestaltete Mitte anschauen lassen, sie die Dinge anfassen können und damit spielen dürfen. Das Schöne tritt ihnen dann auch im Äußeren entgegen und wir können den Kindern dadurch Mut machen, ihr Leben zu meistern. Eine weitere Möglichkeit, die Kinder wieder zu »erden«, besteht darin, die Kinder ihre Eindrücke erzählen oder das Erlebte noch einmal in der Bewegung ausdrücken zu lassen. Beide Möglichkeiten fordern das Kind zur Aktion im Außen auf und lassen es dadurch wieder ganz da sein.

Die Sitzhaltung bei Meditationen

Gewiss kennen Sie die sogenannte Lotushaltung der Yogis und fragen sich vielleicht ebenso wie ich, wie man so lange so aufrecht und mit übergeschlagenen Beinen sitzen kann. Aber Gott sei Dank brauchen wir es nicht ebenso gut zu können, um meditative Erfahrungen zu machen! Kinder sitzen von Natur aus gerne auf dem Boden und im Schneidersitz. Mit einem kleinen Kissen darunter ist dies auch die angemessene Sitzhaltung für Kinder. Wenn ein Kind normal entwickelt ist, wird es auch aufrecht sitzen, da die Wirbelsäule noch nicht verkrümmt ist, wie wir es oft bei Erwachsenen finden. Sollten Sie bei einem Kind immer wieder feststellen, dass es mit krummem Rücken dasitzt, wäre es sinnvoll, dies den Eltern mitzuteilen, damit geklärt wird, ob das Kind sich richtig entwickelt oder ob es vielleicht eine spezielle Gymnastik zur Stärkung der Rückenmuskulatur benötigt. Eine gebeugte Haltung kann natürlich auch auf ein seelisches Problem hinweisen (jemand trägt eine schwere Last mit sich herum) und darauf aufmerksam machen, dass jemand Unterstützung braucht. In der Regel gilt aber für mich der Grundsatz: Möglichst locker und bequem zu sitzen, eine Haltungshilfe kann ein Keilkissen oder ein

Meditationshöckerchen sein. Beide stellen das Becken etwas höher und entlasten damit die Wirbelsäule. Für Erwachsene gilt, besser auf einem Stuhl sitzen und die Übung genießen, als auf dem Boden und leiden! Bei Phantasiereisen lasse ich die Kinder meistens auf dem Teppich liegen und sich in eine Kuscheldecke wickeln.

Die zeitliche Planung eines kreativen Tanzes oder einer stillen Übung

Die Dauer eines der Angebote an die Kinder beträgt meistens 30 Minuten. Ich bleibe jedoch bei jeder Übung flexibel in meinem Zeitplan und richte mich nach den Bedürfnissen der Kinder. Sehe ich, dass sie mit meiner Zeitplanung überfordert sind, kürze ich die Übung ab. Die Kinder sollen die Übung als schön und keinesfalls als anstrengend in Erinnerung behalten! Bemerke ich aber, dass sie voll dabei sind und Spaß daran haben, dehne ich die Zeit etwas weiter aus, füge noch etwas hinzu oder ermuntere die Kinder zum Erzählen. So schaffen sie immer den richtigen Zeitrahmen und nutzen das Potenzial der Kinder.

Der Erzieher als Meditationsleiter

Nun stellen Sie sich vielleicht die Frage, ob Sie als Erzieher ohne Vorkenntnisse mit »Bewegter Stille« beginnen können oder ob Sie dazu eine langjährige Meditationspraxis brauchen.
Sicher ist es sehr hilfreich, eigene Erfahrungen auf diesem Gebiet zu sammeln. Eine gute Idee ist es, die Übungen, welche Sie mit den Kindern zusammen erarbeiten wollen, vorher für sich sel-

ber auszuprobieren und zu sehen, wie Sie sich damit fühlen! Gewiss ist es auch für Ihren Alltag eine Bereicherung, wenn Sie sich täglich ein wenig Zeit nehmen, um Ihrem Innen nachzuspüren, den Tag mit seinen Ereignissen noch einmal an sich vorbeiziehen zu lassen und dabei selbst vom Alltagsstress abschalten können. Fast noch wichtiger ist es, ein wirklich offenes Herz für die Kinder und sich selbst zu haben. Vielleicht brauchen Sie an manchen Tagen mehr Zurückgezogenheit und Stille als an anderen Tagen.

Außerdem sollten Sie sich immer fragen, wo Sie gerade innerlich stehen und was Ihnen aufgrund dieser Stimmung möglich ist. Wenn Sie z.B. beobachten, dass die Gruppe sehr laut und chaotisch ist und eigentlich ein geführtes Bewegungsangebot bräuchte, Sie selbst aber müde und abgespannt sind und dazu gar keine Lust haben, wird das Bewegungsangebot wahrscheinlich auch nicht glücken. Wir können nur das gut vermitteln, was wir auch gerne tun. Finden Sie also eine Lösung, die Ihrer Verfassung entspricht. Zwingen Sie sich auch selber niemals, eine Übung mit den Kindern zu machen, nur weil Sie denken, dass dies jetzt richtig wäre. Verlassen Sie sich ganz auf Ihr Gefühl und Ihre innere Stimme. Dann werden Sie die Menschen und Ihr Umfeld aufrichtig mögen und werden von der Kraft des Geistes in den Übungen erfasst. Oft kommt es vor, dass man aus solch einer Übung sehr beglückt mit den Kindern herausgeht. Unsere Herzenskraft hat uns dann durchströmt. Wir sollten als Erzieher auch danach streben, unsere Sinne im Alltag offenzuhalten und weiter zu entfalten. Die kleinen Dinge sind es, welche uns auf Dauer im Gleichgewicht halten. Darum sollten wir offen für sie sein. Wenn wir uns am guten Geruch eines Frühstückstees erfreuen, an einem schönen Blick aus dem Fenster oder am Händedruck eines anderen Men-

schen, und dies den Kindern vermitteln können, haben wir womöglich eine bessere Voraussetzung, mit Stille-Übungen zu arbeiten, als wenn wir regelmäßig im Schweigen verharren.

Das offene, liebevolle Herz, für sich und andere strahlt Ruhe, Entspannung und Geborgenheit aus. Weil es Schwächen nicht so ernst nimmt und Stärken zu unterstützen vermag.

Beobachten Sie einfach selbst, wie Sie sich im Alltag verhalten. Freuen Sie sich noch über scheinbar Unwichtiges? Können Sie die Kraft, die dem Staunen zugrunde liegt, entdecken? Falls Sie diese Fragen eher mit »nein« beantworten würden, können die Übungen in diesem Buch Sie vielleicht das Staunen und die einfache Freude wieder lehren! Ganz gleich also wo Sie stehen, versuchen Sie von diesen Möglichkeiten für sich und die Kinder Gebrauch zu machen!

Der Aufbau des Übungsteils

Vor Beginn jeder Übung finden Sie Hinweise zur Raumgestaltung, zum eventuell benötigten Material und ähnliches mehr. Die Übungen selbst sind eingerahmt und in zwei Spalten untergliedert. Auf der linken Seite steht eine Anleitung, wie die Übung durchgeführt werden kann. Die einzelnen Schritte sind mit dem Zeichen eines Kreises versehen. Auf der rechten Seite finden sich praktische Hinweise (durch ein Dreieck gekennzeichnet) und die pädagogische Zielsetzung, die mit der jeweiligen Übung verbunden ist (Viereck). Weiterführungsmöglichkeiten, Gedichte, Geschichten und Lieder ergänzen den Übungsteil.

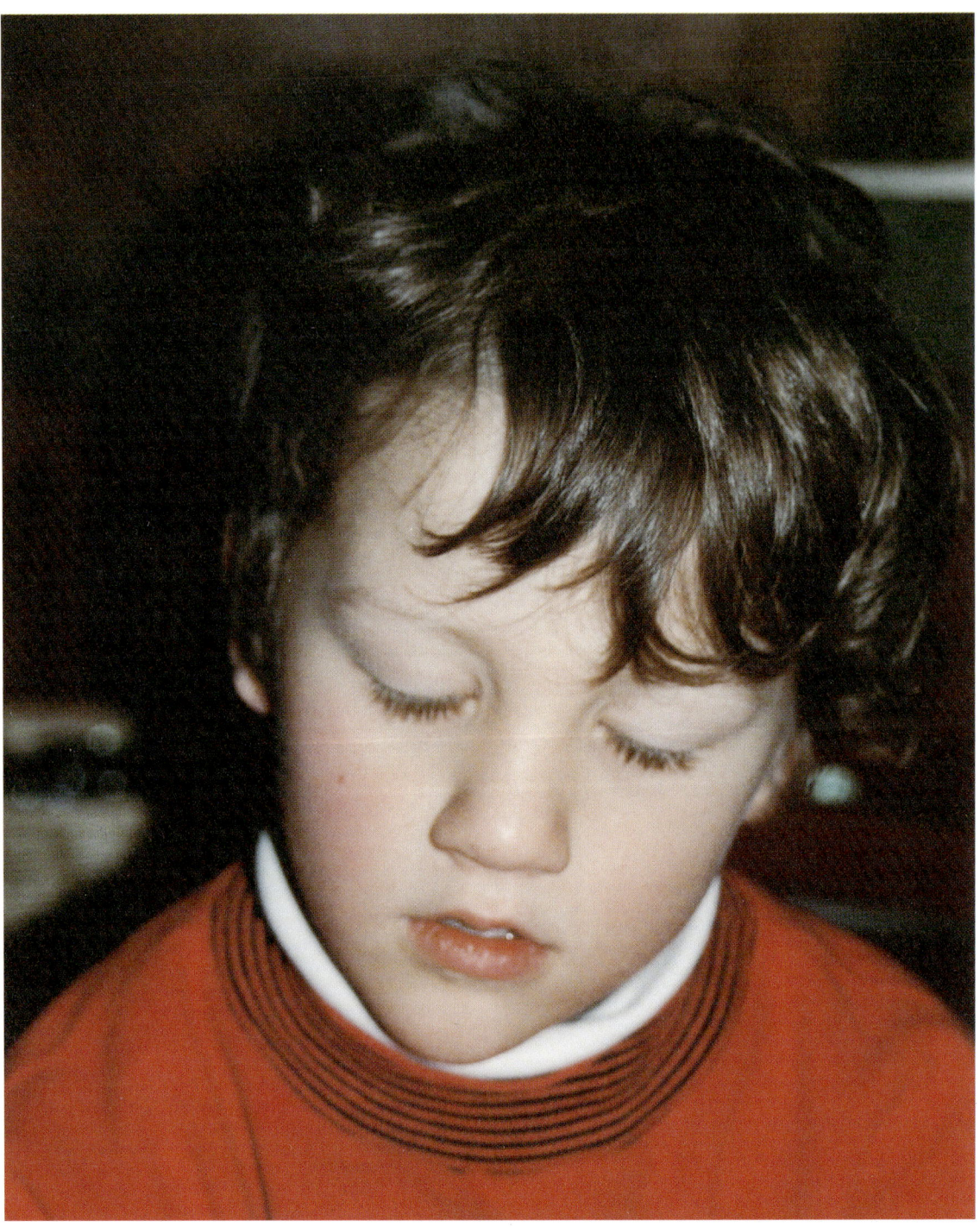

Meditative Übungen

Wenn wir mit den Kindern lernen innezuhalten, können wir gemeinsam etwas sehr Wichtiges erleben. So, wie das Wort es schon sagt, stellt sich ein Gefühl des Gehaltenseins ein. Gehalten vom eigenen Innersten, vom göttlichen Funken, von unserem Herzen.

Wenn Kinder solche Erfahrungen machen, erkennen sie, dass sie selbst es sind, der sie glücklich machen kann. Sie beginnen sich bewusst anzunehmen und zu lieben und daraus können sie wiederum anderen ein echtes positives Gefühl weitergeben. Das Kind kann unabhängiger werden von der Anerkennung durch andere und gerade darum kann es bessere Leistungen erbringen. Dies resultiert ganz einfach daraus, dass der Antrieb nicht Angst ist (ich muss etwas leisten, damit ich geliebt werde), sondern Liebe (ich fühle mich wohl mit mir, ich gebe gerne). Die Liebe zeigt dem Menschen aber auch seine natürlichen Grenzen – sie mahnt zur Ruhe, wenn der Körper sie braucht. Ich bin der festen Überzeugung, dass sehr viele Krankheiten sowohl bei Kindern als auch bei Erwachsenen nicht in diesem Maße ausbrechen würden, wenn wir uns selber mehr liebten. Seit langem kennen Mediziner und Psychologen den Zusammenhang von Körper und Seele und wie dieser auf das Immunsystem wirkt. Die Liebe ist nicht mit Egoismus zu verwechseln – er entspringt nicht dem Herzen und dem Gehaltensein! Egoismus entsteht immer aus dem Gefühl des Verlustes, aus dem Glauben zu kurz zu kommen. Das eigene Herz belehrt uns aber eines Besseren. Wenn wir innehalten, halten wir die äußeren Bewegungen an, wir begeben uns in die Stille und vernehmen die Regungen unseres Herzens – mit den Kindern übe ich »auf Engelsflügeln zu schaukeln«. Hier kommen wir in Kontakt mit der großen Quelle unseres Seins, aus der wir hervorgegangen sind. Die Kinder nehmen diesen Vorgang unbewusst auf, sie lassen sich vom Gefühl tragen! Innehalt-übungen geben dem Kind die Möglichkeit, sich selbst besser wahrzunehmen. Wünschen wir uns als Erwachsene nicht auch oft, mehr Ruhe in unseren Alltag zu bringen und unsere Bedürfnisse besser wahrzunehmen? Wenn ich mit den Kindern übe, dann habe ich den festen Wunsch in mir, ihnen eine Türe zu öffnen, durch die sie zur inneren Kraftquelle finden. Dann spüren sie, dass Liebe, Mut und schöpferische Kraft in Hülle und Fülle vorhanden sind. Dem Kind den Weg ins Herz zu weisen verlangt sicherlich manchmal Geduld von uns; doch werden wir dafür reichlich belohnt, denn Freude kehrt zu uns zurück! Zu sehen, wie ein Kind vor Glück strahlt, wie es sich in seiner Haut wohl fühlt, wie es lacht und wie es ganz stille werden kann, öffnet das nicht auch unser Herz?

Innehalten – Gehaltensein
der Ton des Herzens schwingt
in mir – er singt mir von der
Liebe!

Seifenblasen fangen und fallen lassen

Seifenblasen – spüren Sie diesem Wort einfach einmal nach ... Geht es Ihnen wie mir? Weckt die Erinnerung an dieses Spielmaterial auch Freude in Ihnen? Die lichten, leichten Blasen verzaubern kleine wie große Menschen; sie haben etwas Märchenhaftes an sich. Es ist, als ob sie uns einen Augenblick in die unsichtbare Welt schauen ließen und diese sichtbar machen. Für Kinder entsteht immer der Reiz sie einzufangen, weil die Blasen ja fliegen und zur freudigen Bewegung aufrufen. Kinder sind begeistert von der folgenden Übung, da sie sich mittels Bewegung und Stimme ausdrücken und auf diese Weise aufgestaute Spannungsfelder lösen können. Zu hüpfen und Laute von sich zu geben, baut Stress in Körper und Seele ab. Durch die Vorgabe »nur am Platz hüpfen« entsteht in der Gruppe auch kein Chaos, die Struktur des Spiels hält die Kinder in Zaum, so dass sie nicht außer sich geraten. Nach einer Weile des Sich-Austobens und Nach-außen-Gehens kehren die Kinder zurück ins eigene Innere – Körper und Seele kommen zur Ruhe. Kinder lernen dabei, dass sie sich mit ihren Gefühlen der Welt zeigen dürfen, erfahren aber auch das stille Vergnügen, angenehmen Empfindungen nachzuspüren und diese dadurch wieder erinnern zu können. Dieser erste Teil bildet die Basis zur Weiterführung mit einer Phantasiereise. Lassen Sie die Kinder sich vorstellen, wie es ist, selber eine Seifenblase zu sein, die in der Luft schwebt – leicht und frei... Oder Sie vermitteln ihnen die Vorstellung, dass sie in einem wunderschönen Raum stehen, in den plötzlich viele Seifenblasen geflogen kommen und sie mitten darin stehen ... Vielleicht fällt Ihnen auch spontan ein Seifenblasenmärchen ein? Experimentieren Sie mit diesen Möglichkeiten und erleben Sie die Kraft des Schönen!

*Seifenblasen zaubern
ein Lächeln aufs Gesicht
licht und leicht
schweben sie und erinnern
mich an die Zartheit der
Seele!*

Raumgrundgestaltung

In jedem Raum möglich, es ist jedoch genügend Platz zu schaffen.
Als schöne Übung zum Abschluss des Tages oder einer Lernstunde in der Schule einzusetzen.

Material

Seifenblasen

Gruppenstärke

Kann mit sehr vielen Kindern ebenso wie mit wenigen Kindern gespielt werden.

Anmerkung

Während der Einführungszeit der Übung blase ich selber die Seifenblasen – später können auch Kinder dazu eingesetzt werden. Achten Sie aber darauf, dass dabei nicht zu viel Unruhe entsteht, am Besten schon vorher die Kinder bestimmen, die dabei helfen.

Anleitung	Pädagogische Hinweise
○ Ich erkläre den Kindern die Übung in allen Teilschritten:	△ Die Übung für Kinder überschaubar machen.
○ Ich puste die Seifenblasen aus einer erhöhten Position (Tisch) in die Gruppe.	△ Die Kinder suchen sich einen freien Platz zum Stehen.
○ Kinder dürfen die Blasen im Stehen fangen, aber kein anderes Kind dabei berühren. Die Stimme darf eingesetzt werden, Hüpfen ist erlaubt!	△ Die Kinder in ihrer Spontaneität unterstützen.
○ Die Kinder setzen sich auf den Boden und dürfen jetzt nur mehr die Seifenblasen fangen, die sie im Sitzen erreichen können – die Stimme darf weiterhin eingesetzt werden.	□ Spannungsabbau mittels stimmlicher Äußerungen und Hüpfbewegungen, die Gruppe bleibt aber in der vorgegebenen Struktur; gehalten und geordnet.
	□ Aufbau der Frustrationstoleranz.
	□ Beherrschung üben.
○ Jetzt die Seifenblasen fangen ohne Einsatz der Stimme.	□ Ruhig werden fördern.
○ Die Hände wie Schalen halten und warten, ob eine Seifenblase von selbst hineinfällt.	□ Konzentration auf die Hände verlagern.
	□ Entspannen und Zentrieren durch Zuschauen und Geschehenlassen.
○ Einfach zusehen, wie die Seifenblasen schweben, auf den Boden fallen und platzen.	□ Von der Aktion in die Stille gelangen.

Statt der Seifenblasen können Sie entweder Federn – die Kinder verfolgen deren Fallschwung – oder andere Gegenstände (Stecknadel, Baustein) fallen lassen. Letztere versteckt, damit die Kinder den Ort des Aufpralls nur durch konzentriertes Lauschen herausfinden.

Bruder Baum

Bäume – ich glaube, fast jeder Mensch reagiert positiv auf sie! Kinder lieben Bäume. Sie klettern auf sie und beziehen sie in ihr Spiel mit ein. Sie bauen Baumhäuser oder errichten ihr Räuberlager bei einem Baum. Wir Erwachsene genießen den Schatten, den ein Baum spendet und bewundern die bunte Blätterpracht, die er im Herbst trägt.

Aber wer von uns kennt das Gefühl, das ein Baum vermitteln kann, wenn wir uns bewusst an ihn lehnen oder ihn umarmen? Ein Baum kann Stärke und Zuversicht oder die Empfindung von Geborgenheit in uns hervorrufen. Wenn wir uns einsam fühlen und kein geliebter Mensch für uns da ist, vermag ein Baum uns zu trösten und zum Freund zu werden. Oder wie der Heilige Franziskus es auszudrücken pflegte – uns ein Bruder zu sein.

Um den Kindern diese Erfahrung zu schenken und sie auf die Thematik einzustimmen, erzähle ich ihnen die Geschichte vom kleinen Brüderchen Baum (siehe S. 20).

Raumgrundgestaltung

Sind die Kinder unkonzentriert, sollte die Übung im Zimmer stattfinden, ansonsten im Freien.
Im Raum: Grundgestaltung mit einem Mittelpunkt aus Blättern oder Zweigen.
Im Freien: Wir breiten Decken unter einem Baum oder am Waldrand aus.

Gruppenstärke

Sechs bis zehn Kinder

Lang ist's her und doch so
gut noch in Erinnerung.
Mein Baum – er war ein ganz besonderer!
Was er mir alles war ...
das schönste Schloss, das beste Bett,
Piratenschiff und Schaukel!
Grüngoldenes Farbenspiel und Versteck am
Abend.
Am meisten aber war er Freund
– mein Baum aus fernen Kindertagen!

Anleitung

Die Kinder setzen sich auf die Decken und dürfen die verschiedenen Blätter betasten.

○ Kinder schwärmen aus und betasten die Blätter an den Bäumen. Auf ein vereinbartes Signal kommen alle Kinder zu den Decken zurück und bringen ein Blatt mit.

○ Wir schauen in gemeinsamer Stille die Blätter an und versuchen die verschiedenen Blätter mit geschlossenen Augen zu fühlen.

»Ich möchte heute eine Geschichte von einem kleinen Baum erzählen, dem Brüderchen Baum«.

Brüderchen Baum

Es gibt viele Bäume auf der Welt, große und kleine, dicke und dünne, mit verschiedenen Blättern oder Nadeln und jeder hat sein eigenes Grün. Manche haben Blüten und Früchte, und wieder andere werden sogar Weihnachtsbäume. Ja, und dann gibt es da noch die ururalten Bäume. Sie leben schon so lange auf dieser Erde, dass sie fast alles von ihr und der Menschheit wissen. Darum heißen sie die weisen Urbäume. Sie stehen im Kreis beisam-

Pädagogische Hinweise

□ Anweisungen verstehen und befolgen lernen.

□ Aufnehmen lernen durch Betrachtung und Tasten.

men und wenn ein Mensch diesen Kreis betritt, so fühlt er sogleich, dass dies ein ganz besonderer Platz ist. Die Urbäume unterhalten sich sehr gerne miteinander und tauschen ihre Weisheiten aus. Dadurch werden sie immer noch weiser und vergessen auch nichts von ihrem Wissen. Ganz in ihrer Nähe stand ein junger, kleiner Baum. Er hörte immer mit großem Interesse zu, obwohl er sich nicht so sicher war, ob er dies alles hören durfte. Er war ja noch so klein und konnte außerdem nichts zur Weisheit der alten Bäume beitragen. Einmal, da hörte er sie von Menschen reden und von den Gefühlen, die sie füreinander empfinden. Der Kleine hörte, wie sie von der Liebe sprachen und dem seltsamen

Brauch der Menschen sich dabei zu umarmen. Dem Bäumchen wurde es eigenartig zumute. Er hatte keine Arme, um einen anderen Baum zu umarmen, und auch keine Füße, um zu einem anderen gehen zu können, wenn er das wollte. »Entschuldigung, ehrwürdige, weise Urbäume«, sagte er ganz leise, um die Alten nur ja nicht zu stören oder gar zu verärgern, weil er zugehört hatte und sich nun auch noch einmischte. »Dürfte ich wohl eine Frage an Euch richten?« »Nun, da du gar so freundlich fragst«, gab der Älteste zur Antwort, »was möchtest Du wissen?« Der Kleine räusperte sich, denn er war unsicher und aufgeregt. Noch nie zuvor hatte er sich getraut, die Ältesten von sich aus anzusprechen. »Wie merkt man denn, dass man geliebt wird?« Wie vom Donner gerührt schwiegen alle Urbäume und eine merkwürdige Stille entstand. Der kleine Baum bekam Angst, er dachte, dass er etwas furchtbar Ungehöriges oder Dummes gefragt habe und die Alten nun sehr böse auf ihn wären. »Ent-entschuldigung, ich wollte nichts Böses fragen«, stotterte das Bäumchen. »Oh ...«, sagte wiederum der Älteste, »das hast Du nicht getan, es ist vielmehr so, dass wohl keiner von uns die Antwort darauf weiß, und dies ist das erste Mal, dass wir keine Antwort kennen.« An diesem Abend schwiegen alle Bäume, und auch an den folgenden Tagen waren sie nicht so gesprächig wie sonst.

Bäumchen war ganz durcheinander. Er hätte es nie für möglich gehalten, dass die Alten etwas nicht wussten. In ihm aber war das Verlangen, zu wissen, wie es ist, geliebt zu werden, wach geblieben und es bewegte ihn so sehr, dass er es fast nicht ertragen konnte.

Viele Tage verstrichen und irgendwie war es allen Bäumen etwas ungemütlich zumute – ob das nur am nasskalten Wetter lag oder auch daran, dass die ungeklärte Frage noch immer schwer auf ihren Baumherzen lag? Endlich, eines Morgens war der Himmel wieder blau und die Sonne schickte ihre Strahlen weit in das Land hinein und wärmte auch die Urbäume und den kleinen Baum. Diese streckten ihr die Blätter entgegen und sogen die hellen Strahlen in sich ein.

Verträumt schaute Bäumchen in die Welt. Da sah es ein Kind daherspazieren, das lustig und froh dreinblickte! Der kleine Baum wurde ganz aufgeregt. Er dachte, »jetzt muss ich es versuchen. Ich muss versuchen etwas über die Liebe herauszufinden.« Das Kind war nun schon ganz nah und trat in den Baumkreis der alten Weisen ein. »Wie groß und schön ihr seid«, staunte es, »gewiss seid ihr sehr alt, vielleicht die Ältesten auf der Welt?« Und das Kind wurde ganz still und betrachtete die Bäume. Der kleine Baum versuchte nun verzweifelt, dem Kind etwas mitzuteilen – die Menschen hören ja für gewöhnlich die Baumsprache nicht. So strengte er sich mächtig an, um dem Kind einen Gedanken zu schicken. Er wünschte sich so sehr, dass das Kind ihm etwas von der Liebe erzählen sollte. Es war ja ein Mensch und musste doch darum wissen. Das Kind sah plötzlich von den großen Bäumen weg, hin zum kleinen Baum, und voll Freude kam es gesprungen und rief: »Oh, da ist ja auch ein Baumkind – so wie ich ein Menschenkind bin! Du bist sehr schön, dein zartes Grün macht mich froh. Ob du dich hier unter all den großen Bäumen auch manchmal alleine fühlst, so wie ich, wenn ich unter lauter

Erwachsenen bin?« »Ja, ja«, schrie da das Bäumchen mit aller Kraft, vielleicht konnte das Kind tatsächlich die Baumsprache hören. »Ich glaube schon«, sagte das Kind und umarmte den Kleinen. Dieser wusste nun gar nicht mehr, wie ihm geschah! Es wurde ihm so warm und weich, so wundervoll zumute, wie er sich noch niemals gefühlt hatte. »Ich hab dich so lieb«, sagte das Kind. »Ich kann doch dein Freund sein!« »Ja, ja, bitte sei du mein Freund«, sprach der kleine Baum gerührt und da er wollte, dass das Kind spüren sollte, dass auch er es liebte, schickte er mit aller Kraft, die er besaß, seine Zuneigung dem Kind. »Es ist wunderschön dich zu umarmen, du hast viel Kraft und ich fühle mich sehr wohl bei dir!«, flüsterte das Kind. »Vielleicht sollte ich meinen Eltern erzählen, dass ich einen Baumfreund gefunden habe, und wie schön es ist, dich zu umarmen. Aber wahrscheinlich werden sie sagen, dass ich wohl wieder ein wenig träume, und mir nicht so recht glauben!«

»Versuch es doch«, rief der kleine Baum aufgeregt, »bringe sie einfach hierher, denn auch meine alten Bäume hier wissen nicht, wie schön es ist, umarmt zu werden. Die alten Bäume aber sind sehr weise und sie könnten deine Eltern vieles lehren.«

»Ich kann es ja versuchen«, dachte das Kind, »ja, ich will es versuchen, damit auch meine Eltern erfahren, wie schön es ist, die Kraft der Bäume zu spüren.« Zum Abschied streichelte es nochmals die Blätter des Bäumchens und ging dann glücklich davon. Die Urbäume hatten erstaunt alles beobachtet und gut zugehört, aber nun trauten sie sich nicht zu fragen, wie das Gefühl der Liebe denn erkennbar sei. Der Kleine sprach aber sogleich von sich aus: »Liebe Urbäume, nun weiß ich endlich die Antwort auf meine Frage. Aber leider kann ich es nicht so recht erklären, denn ich finde nicht die Worte dafür. Ich hoffe, dass mein Freund mit seinen Eltern zurückkommt und dann könnt ihr selber spüren, wie es ist umarmt zu werden.«

Es vergingen Tage, ohne dass das Kind zurückkam. Dem kleinen Baum war schon bange, dass er nie wieder seinen Freund treffen würde. Und gerade, als er traurig werden wollte, da sah er ihn – seinen Freund. Er kam mit seinen Eltern den Hügel herauf, auf dem die Bäume standen. Bäumchen bekam richtig Herzklopfen und er rief: »Kleiner Freund, wie schön ist es dich wiederzusehen!« »Hallo Bäumchen«, rief das Kind, »schau nur, ich bringe meine Eltern mit. Zuerst wollten sie ja nicht so gerne, aber da auch sie die Bäume mögen, kamen sie nun doch mit!« »Oh, bitte sage deinen Eltern, sie sollen die Alten umarmen, damit auch sie die Liebe spüren können!« Das Kind spürte die Bitte und gab sie an die Eltern weiter. Diese waren sehr liebevoll und taten, worum ihr Kind sie bat. Sie gingen und umarmten einen Baum. Zuerst war es etwas ungewohnt für Baum und Mensch, aber dann spürten auch die Erwachsenen die Kraft, die von den Bäumen ausging. Und weil dies so gut tat, schickten sie ihre Liebe in die Bäume. Sie spürten alle das herrliche Gefühl des Einsseins. Die Eltern umarmten nun mit ihrem Kind jeden einzelnen Baum. Als Dank dafür, dass ihnen die Bäume ein so gutes Gefühl schenkten, wollten sie versuchen, von nun an die Bäume zu schützen, wenn es nötig wäre.

Sie sagten auch, dass sie von nun an oft hierher kommen wollten, und so geschah es dann auch. An vielen Sonntagen kamen sie mit Freunden und machten ein gemütliches Picknick unter den Bäumen, und natürlich umarmten und streichelten sie ihre Baumfreunde auch. Der schönste Tag war und blieb aber der, an dem die Urbäume die Liebe kennenlernten. An diesem Abend sprach der Älteste zum Bäumchen: »Nun bist Du der kleinste weise Baum unter uns, auch wenn du noch jung an Jahren bist. So sollst du unser Bruder sein, denn durch dich konnten wir die Liebe kennenlernen und nur dadurch sind wir wirklich wissend geworden! Wir danken dir dafür, kleiner Baum«. Bäumchen strahlte. Er war glücklich und er fühlte sich stark und groß. Jetzt waren die alten Bäume seine Freunde geworden, weil sie die Liebe nun alle spüren konnten!

○ Wenn die Geschichte im Raum erzählt wurde, gehen wir ins Freie.

△ Reaktion der Kinder abwarten.

○ »Unsere Bäume hier sind gewiss auch noch nie umarmt worden!«

△ Äußern die Kinder nicht von selbst den Wunsch, einen Baum umarmen zu dürfen, dann geben wir den Impuls dazu.

○ Jedes Kind darf sich nun einen Baum aussuchen und ihn umarmen.

□ Emotionalen Kontakt mit dem Baum herstellen.

△ Wir vereinbaren ein Signal, dann kommen alle Kinder wieder zurück.

○ Wir erzählen uns von unserm Baumerlebnis. Was haben wir gefühlt?

□ Lernen, sich mitzuteilen.

Weiterführungsmöglichkeiten

○ Mit einem Stethoskop können wir im Frühling horchen, wie der Baum Saft zieht. Fragen Sie einen Arzt oder in einem Krankenhaus nach, ob man Ihnen ein altes, ausrangiertes Gerät überlassen kann.

○ Wir sammeln verschiedene Blätter und pressen sie. Kleben diese zwischen selbstklebende Klarsichtfolie und schneiden sie dann wieder genau aus (zur Haltbarmachung). Jetzt haben wir ein schönes Zuordnungsspiel (alle gleichen Blätter werden gesucht) und zugleich ein Tastspiel (wir versuchen mit verbundenen Augen die gleichen Blätter zu finden). Natürlich geht dies auch mit frischen Blättern.

○ Wir sammeln ein Duftpotpourri im Wald. Holzstückchen, Rinde, Zapfen und Baumnadeln dienen uns dafür. Das Gesammelte legen wir in eine schöne Schale und stellen es in unseren Gruppenraum.

Gestalten zum Thema

○ Sammeln Sie mit den Kindern Wurzeln und Zweige. Legen und stecken Sie diese dann zu einer urwüchsigen Landschaft zusammen. Basteln Sie nun Naturwesen (z.B. Zwerge und Elfen) oder passende Tiere dazu.

○ Wir machen uns einen Glücksstab: Ein geeigneter großer Ast wird gesucht. Zuerst dürfen die Kinder mit Tafelmesser die Rinde abschaben, kleine Muster einritzen, den Stab bemalen oder mit Bändern schmücken. Dann wird er an einer schönen Stelle aufgestellt (evtl. in einen Topf eingipsen). Am Glücksstab hängen nun die Geburtstagsgeschenke oder die Adventspäckchen, manchmal aber auch kleinere Überraschungen für zwischendurch. Tolle Geschichten oder Spiele können ebenfalls als Besonderheit am Stab baumeln.

Die Bärchenatmung

Atem: »Das in mir göttlich Wirkende«, so lautet die Übersetzung aus der altindischen Sprache. Die Bedeutung des Wortes zeigt schon, worum es beim Atmen eigentlich geht und worum es auch in der folgenden Übung gehen wird. Wir nehmen bewusst Verbindung mit dem Lebensstrom in uns auf und gehen spielerisch mit dieser guten Kraft in uns um. Dabei geht es weder um Bauch- noch um Brustatmung, sondern darum, zu einem natürlichen, offenen Atemrhythmus zu finden. Wir versuchen das Kind in seiner ursprünglichen freien Atmung zu unterstützen und ihm die verschiedenen Atemräume (Brust und Bauch) zugänglich zu machen. Einen freien Atemfluss erkennen Sie meist daran, dass sich Brust und Bauch fast gleichzeitig heben und senken.

Ein großer Teil des für unseren Körper notwendigen Entgiftungsprozesses geschieht über die Atmung. Aufgenommene Gifte können in sauberer Luft oft wieder ausgeatmet werden. Auf diese Weise befreien wir uns von einer großen Last. Gifte wirken sich auf unser Immunsystem verheerend aus und unser Gefühlsleben wird davon sehr in Mitleidenschaft gezogen. Wenn Kinder unausgeglichen sind, liegt der Grund dafür oft wirklich »in der Luft«! Viele Allergien entstehen durch Gifte und immer mehr kleine Kinder haben bereits darunter zu leiden. Ein anderer wichtiger Punkt, weshalb ich gerne mit Kindern Atemübungen mache, ist der des Stressabbaus. Die Atmung dient dann als Ventil! Probieren Sie selbst einmal aus, wie die folgende Übung Sie befreit: Atmen Sie aus und stellen Sie sich dabei vor, wie alles Schwere mit dem Atemstrom aus Ihnen herausfließt, vielleicht wie dunkler Rauch. Beim Einatmen stellen Sie sich vor, dass helle, gute Kraft in Sie einfließt.

Mit der Bärchenatmung geben wir den Kindern eine wunderbare Möglichkeit, spielerisch mit der eigenen Atmung umzugehen und sich jederzeit nach Bedarf freizuatmen. Eine gute Gelegenheit zu Hause bietet die Zeit vor dem Zubettgehen. Das Kind kann mit seinem Lieblingstier kuscheln und schmusen und dabei bewusst auf die eigene Atmung achten. So lernt es frühzeitig, sich mithilfe der Atmung gesund zu halten und fröhlich zu bleiben. Natürlich sollten wir diese Übung immer wieder einmal einbauen, denn je öfter wir bewusst atmen, umso gesünder bleiben oder werden wir.

Immer wieder erfahre ich, dass die Bärchenatmung die Kinder schon von Anfang an in eine liebevolle Stimmung versetzt. Das Kuscheltier regt das Emotionale sofort an und weckt ein entspanntes Körpergefühl im Kind. Dies ist eine sehr gute Voraussetzung für die harmonische Atmung. Das Kind fühlt sich nicht allein: Sein Bär ist ja da und möchte sanft auf Bauch und Brust geschaukelt werden. Dies lenkt das Kind vom angestrengten Versuch ab, richtig zu atmen, und eine ganz natürliche Atmung kann einsetzen. Der Bär lenkt durch sein leichtes Gewicht die Aufmerksamkeit des Kindes auf Bauch oder Brust und vertieft so automatisch die Atmung. Das Kind findet zu seinem individuellen Atemrhythmus – tiefe Entspannung entsteht. Wenn die Kinder zum Abschluss den kleinen Bär mit geschlossenen Augen spüren, verstärkt sich ihre taktile Wahrnehmungsfähigkeit. Das Gefühl von Geborgenheit und des sich Vertrautfühlens kann sich ausbreiten.

Raumgrundgestaltung

Gestaltung der Mitte: Eventuell Einsatz einer Duftlampe mit einem angenehmen, entspannenden Öl, dessen Inhaltsstoffe unbedingt natürlichen Ursprungs sein sollten, um positiv auf Körper und Seele wirken zu können.

Kinder mögen sehr gerne Orangenöl (im Winter sehr gut mit Zimtblätteröl – sehr wärmend). Aber auch Lavendel und Rosengeranie sind beliebt. Geben Sie maximal vier Tropfen in die Duftlampe.

Material

Kleine Stoffbärchen für jedes Kind, die in einem zugedeckten Körbchen liegen.

Als Alternative für größere Kinder können Sie statt der Stoffbärchen auch kleine Bälle (Tennis- oder Gummibälle) verwenden und lassen diese auf Brust und Bauch legen. Die Aufgabe besteht nun darin, so tief wie möglich in die Atemräume zu atmen, ohne dass der Ball herunterrollt. Dies spornt größere Kinder an, schult Atmung und Geschicklichkeit durch Achtsamkeit.

Aber Vorsicht: Schummeln durch geringes Atmen ist nicht erlaubt. Sie können aber die Atemtiefe langsam mit allen Kindern steigern. Ein guter Einstieg in die Übung ist das Massieren von Brust und Bauch mit dem Ball. Jedes Kind rollt seinen Ball im Liegen auf Brust und Bauch herum, hierbei wird die Durchblutung angeregt und der Körperbereich besser wahrgenommen.

Gruppenstärke

Acht bis zehn Kinder (beim ersten Mal). Später auch mit vielen Kindern möglich.

Liegeordnung

Sollte dergestalt sein, dass alle Kinder mit dem Kopf zueinander (zur Mitte hin) liegen. Dies erzeugt ein einheitliches Schwingungsfeld und sorgt für Harmonie.

In meine Kinderlunge,
da fließt ein frisches Lüftchen
so wie ein Bächlein ein.
In meinem Bauch
– so frag ich mich –
muss wohl ein Stausee sein?

Ach nein!
Das Lüftchen fließt ja
zurück und wieder raus!
So ist in mir wohl eher
ein echter Pumpkreislauf!

Anleitung	Pädagogische Hinweise
○ Die Kinder suchen sich einen Platz auf den vorbereiteten Decken und setzen sich. In einem zugedeckten Körbchen befinden sich die Bärchen, die die Kinder zuerst ertasten, um zu erraten, was sich im Korb befindet.	☐ Taktile Wahrnehmung schulen.
○ Jedes Kind sucht sich einen Bären aus und schaut sich ihn genau an. Ich erzähle den Kindern dann, dass der Bär sooo gerne auf ihrer Brust oder ihrem Bauch schaukeln möchte.	☐ Emotionalen Bereich ansprechen.
○ Wir wollen versuchen, dem Bär seinen Wunsch zu erfüllen.	△ Indirekte Aufforderung, sich hinzulegen und den Bär auf Brust oder Bauch zu legen.
○ Die Kinder legen sich jetzt auf die Decke. Ich fordere die Kinder auf, den Bär dort hinzulegen, wo sie glauben, dass er am meisten geschaukelt wird.	☐ Dies ist eine gute Gelegenheit zu beobachten, wie die Kinder atmen und wie sie sich selber dabei wahrnehmen – wo legt das Kind den Bär hin? Das Gewicht des Bären führt dazu, dass Brust und Bauch von den Kindern bewusst wahrgenommen werden.
○ Dann legen wir alle den Bär auf unsere Brust. Wir spüren, ob der Bär schon leicht schaukeln kann?	☐ Eröffnung des oberen Atemraumes, der Brust.
○ Wir lassen den Kindern Zeit, dem nachzuspüren. »Nun versuche einmal, den Bär ein wenig stärker zu schaukeln.«	☐ Konzentration auf das Bärchen richten, damit der Atem ungezwungen fließt.

○	»Die Bärchen sehen richtig glücklich aus.«	△ Zeit geben; positive Verstärkung.
○	»Jetzt versuchen wir, den Bär auf unserem Bauch zu schaukeln. Wir probieren es einfach aus.«	△ Lassen Sie die Kinder möglichst ohne große Berichtigung atmen. Wenn ein Kind sichtlich Schwierigkeiten hat, den Atemraum zu erfassen, dann legen Sie einfach ganz sachte Ihre Hand zum Bär oder legen die Hand des Kindes dorthin und sagen »Jetzt schaukelt der Bär hoch und nun sinkt er nach unten«. Zeigen Sie dem Kind aber nicht, dass Sie von ihm erwarten, anders zu atmen. Das Kind verspannt sich sonst, weil es sich anstrengt.
○	»Jetzt lege den Bär noch einmal dahin, wo du es möchtest. Spüre, wie leicht er dort liegt und halte ihn ganz sanft.«	△ Beobachten Sie nun die Kinder. Stellen Sie eine Veränderung zum Anfang der Übung fest? Vielleicht hat sich der natürliche Atemfluss schon eingestellt.
		△ Zeit geben.
○	»Schließe deine Augen und ertaste deinen kleinen Freund nur mit den Händen. Wie fühlt er sich an?«	☐ Kuscheliges zu spüren, stärkt unseren Emotionalbereich. Dies wirkt sich wiederum positiv auf unser Immunsystem aus; Wohlgefühl entsteht.
	»Der Bär liebt es, gestreichelt zu werden. Dann lege dich ganz bequem auf deine Decke und kuschel noch ein wenig mit ihm.«	

Es ist schön, wenn die Bärchen einen festen Platz im Gruppenraum haben und immer wieder zum Atmen benutzt werden. Wir erfinden dann gemeinsam mit den Kindern Bärchengeschichten und basteln Bärchen zum Mitnehmen aus kleinen Fellen.

Schale sing und kling

Klangschalen fanden erst seit den 60er Jahren ihren Einzug in die westliche Welt.

Die singenden Schalen stammen wahrscheinlich aus dem Himalajagebiet. Sie fanden ihren Weg zu uns durch die Flower-Power-Bewegung. Die damals jungen Menschen, die neue spirituelle Wege im Osten suchten, brachten die ersten Schalen aus dem Himalajagebiet mit nach Amerika und Europa.

Es gibt wenig aufschlussreiche Informationen über die ursprüngliche Herkunft und den Verwendungszweck der Schalen. Vermutungen, dass sie aus Tibet stammen, sind nicht eindeutig belegt (vgl. Jansen 1994). Wir wissen aber, dass wir sie jetzt aus Indien, Nepal und Japan beziehen können und in immer mehr Musikgeschäften tauchen sie als besondere Instrumente auf. Ebenso wenig erforscht ist der eigentliche Verwendungszweck. Vielleicht dienten sie den Mönchen als Bettel- oder Opferschalen, vielleicht wurden sie aber auch zum Zweck der Meditation und Heilung benutzt. Dass Töne, Musik und Klänge durchaus eine wohltuende, entspannende Wirkung auf Mensch, Tier und Pflanzen haben, ist auch in unserem Kulturkreis weithin bekannt.

Glocken gehören auch in vielen Ländern zum spirituellen Leben, so auch bei uns die Kirchenglocken, die zum Gebet läuten und einladen.

Ein Ton ist Schwingung, diese wirkt sich auf unseren Körper aus. Am leichtesten lässt sich das verstehen, wenn wir an einen See denken, in den wir ein Steinchen werfen. Die Wellenbewegung, die durch das Auftreffen des Steins auf der Wasseroberfläche entsteht, breitet sich auf dem Wasser aus. So wird ein Ton, der in der Nähe unseres Körpers in Schwingung gerät, auch unseren Körper beeinflussen.

Es gibt Schalen mit unterschiedlichen Randstärken und in vielen Größen (ab ca. zehn bis 30 cm). Sie können glänzend oder matt sein und bestehen aus verschiedenen Metallen: Blei, Zink, Eisen, Kupfer, Quecksilber, Silber, Gold, wobei nicht immer alle Metalle in einer Schale vorkommen müssen. Der Klang lässt sich entweder durch Anschlagen mit einem Holzklöppel hervorrufen, oder aber, indem wir den Klöppel mit leichtem Druck um den Rand der Schale reiben. Beide Male klingt die Schale anders. Es entstehen dabei Grund- und Obertöne. Wir können diesen Tönen einfach lauschen oder mit ihnen mitsingen. Wenn wir Wasser in die Schalen füllen, ändern sich die Töne wiederum. Reiben wir die Schale, wenn sie Wasser enthält, beginnt das Wasser aufgrund der Tonschwingung in kleinen Fontänen nach oben zu steigen. Die Wassermenge muss dabei je nach Schale individuell herausgefunden werden. Bei einer größeren Schale empfiehlt es sich, einen Kartoffelstampfer (aus Holz) mit einer Mullbinde zu umwickeln und ihn zum Anschlagen zu benutzen. Dabei erhalten wir volle, tiefere Klänge. Besonders schön ist es auch, die Schalen auf den Körper zu stellen (Paarübung im Liegen) und sie dann anzuschlagen. Die Tonschwingung wirkt auf diese Weise stärker auf uns und die entspannende Wirkung erhöht sich dadurch.

Die Klangschalen finden auch immer mehr Eingang in die therapeutische Arbeit, da die Töne direkt zur Seele sprechen. Gerade Kinder reagieren mit spontaner Freude und Begeisterung darauf. Das Wunder des Klanges spiegelt sich auf ihren Gesichtern wieder. Die singenden Schalen können uns eine Türe zu unserem Innenraum öffnen und uns in unsere eigene Klangwelt eintreten lassen.

Klang – wo kommst du her?
Wo gehst du hin?
Zeig mir dein Land,
ich will es sehn,
dein Land, voll von Musik!
Dann will ich singen, ein Lied mitbringen
in meine Welt!

Vorübung

Wenn wir mit jüngeren Kindern eine Klang-schalenübung machen möchten, können wir am Vortag zur Vorbereitung ein schönes Spiel mit Schüsseln spielen. Bei älteren Kindern, die sich schon länger konzentrieren können, dient die Vorübung als Einstieg in die Hauptübung.

Wir stellen Schüsseln aus verschiedenen Materialien (Plastik, Keramik, Holz, Metall) im Raum auf. Die Klangschalen mischen wir darunter.

Die Kinder betreten nun den Raum und betrachten alle Schalen. Wir sprechen dann darüber, wozu wir Schalen und Schüsseln gebrauchen können. Die Kinder gehen durch den Raum und befühlen die verschiedenen Schalen. Sie erzählen anschließend, welche Unterschiede (warm/kalt) sie wahrgenommen haben. Nun erhalten die

Ein kleines Mädchen spielte einmal auf meiner Klangschale. Wir schütteten Wasser in die Schale, um damit zu experimentieren. Verzückt lauschte sie den Klängen, dann blickte sie in die Schale und sagte: »Da schaut ja der liebe Gott heraus!«

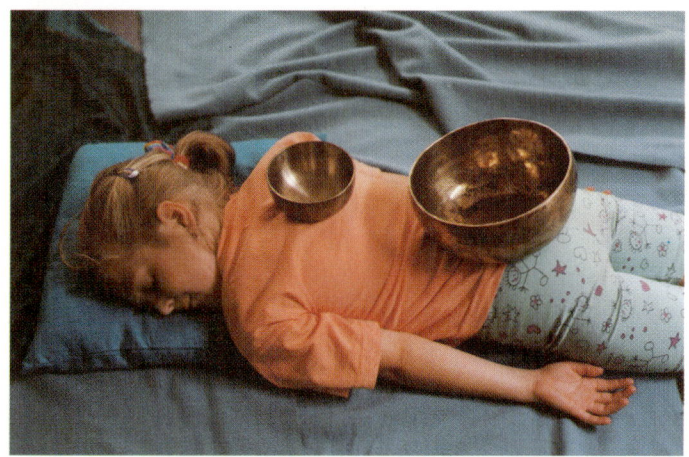

Kinder einen Anschlagstock und dürfen nochmals im Raum herumgehen und damit leicht an
die Schalen klopfen. Welche Schalen sind ganz
besondere Schalen? Wir sortieren sie aus und
spielen noch ein Weilchen auf den Klangschalen.
Als Abschluss schließen alle Kinder die Augen.
Ein Ton wird angeschlagen und wir verweilen in
der Stille, bis der Ton verklungen ist.

Nach der Vorübung können wir am nächsten
Tag mit den Schalen weitere Erfahrungen machen.

Raumgrundgestaltung

Gestaltung der Mitte: verschiedene Klangschalen mit Kerzen im Inneren der Schale.

Material

Klangschalen, Kerzen, Tablett.

Gruppenstärke

Variabel. Hängt ganz von der Anzahl der Ihnen
zur Verfügung stehenden Klangschalen ab.

Anleitung

○ Kinder betreten den etwas verdun-
kelten Raum. In den Schalen brennen
die Kerzen. Alle setzen sich auf einen
vorbereiteten Platz.

○ Ich fordere die Kinder auf: »Wir wollen jetzt einfach die schönen Schalen
mit den brennenden Kerzen anschau-
en und dabei ganz still werden. Nun
nehmen wir die Kerzen aus den Schalen heraus und stellen sie auf ein vor-
bereitetes Tablett.«

Pädagogische Hinweise

△ Angenehme Atmosphäre schaffen.

☐ Ruhig werden, zur eigenen Mitte finden.

34

○ »Wir wollen heute noch einmal mit den Schalen spielen. Nun darf jeder seine Schale einmal anschlagen.

○ Wie hört es sich an, wenn es alle gleichzeitig tun?
Jetzt darf immer nur ein Kind spielen, und wir lauschen so lange, bis der Ton verklungen ist, dann erst kommt das nächste Kind dran.«

○ »Ich möchte euch eine schöne Geschichte dazu erzählen:«

△ Falls sie genügend Schalen haben, erhält jedes Kind eine Schale, andernfalls werden sie reihum gereicht.

□ Wahrnehmungsschulung, Konzentrationsförderung; lernen zu warten und zu lauschen; die Klänge wirken lassen.

△ Motivation noch verstärken durch die Geschichte.

Die singende Schale

Vor langer, langer Zeit lebte ein alter Mann tief im Inneren eines Waldes. Er lebte ganz allein dort, denn er mochte keinen leiden. Warum das so war, wusste eigentlich kaum einer mehr. Den Jungen unten im Dorf war er fast unbekannt. Die Alten aber sagten, dass er ein gefrorenes Herz besäße und dass dieses wohl keiner befreien könnte.

Eines Tages hörte Manuel, ein kleiner Junge, seine Großeltern von diesem sonderbaren Alten sprechen. Die Großmutter sagte: »Es muss wohl 77 Jahre her sein, seit der Alte erstarrt ist.« »Ja, ja, eine lange Zeit«, so sprach der Großvater, »es ist schon arg mit ihm und keiner kann helfen! Wir wollen ihn wenigstens jeden Tag in unser Abendgebet einschließen.« Manuel wurde traurig, als er dies hörte. Was mochte wohl der Grund dafür sein, dass der Alte ein Herz aus Eis besaß?

»Großmutter, warum hat der Mann ein gefrorenes Herz?« Großmutter schwieg eine Weile, dann sagte sie: »Als der Alte noch jung war, besaß er viele Reichtümer. Er hatte sie nicht selbst erarbeitet, sondern von seinen Eltern übernommen. Gerne prahlte er damit und ließ die anderen spüren, dass diese arm waren. Wenn nun die Ärmsten um ein Stück Brot baten, so verscheuchte er sie mit einem Stock und hetzte seinen Hund auf sie. So kam es, dass keiner ihn mehr leiden mochte. Das war dem Mann aber einerlei, für ihn zählte nur sein schönes Haus und sein Geld. Eines Tages kam eine fremde, junge Frau ins Dorf. Sie war wunderschön. Ihr Haar glänzte golden in der Sonne, ihre Augen waren warm und gut. Der geizige Mann wollte sie sofort besitzen und tat alles Erdenkliche, um ihr zu gefallen. Er wollte sie heiraten, aber nicht, weil er sie wirklich liebte, sondern weil er sich mit ihrer Schönheit schmücken wollte. So schenkte er ihr Schmuck und Edelsteine.

Sie aber gab diese jedesmal an die Ärmsten der Armen, um ihnen zu helfen. Als der Mann dies merkte, wurde er fürchterlich zornig. In seiner Wut erhob er die Hand gegen die Frau. Doch bevor er sie schlagen konnte, sprach sie eine Zauberformel. Sie war nämlich eine gute Fee, die über die Bergdörfer wachte. Sie hatte schon lange von diesem geizigen Mann gewusst und wollte ihn durch ihre Schönheit und Sanftmut bekehren.

Als sie die Zauberformel gesprochen hatte, war alles verwandelt: Sein Haus war jetzt aus Eis, alle Gegenstände waren eingefroren, so dass er nichts mehr benützen konnte. Denn, was immer er anfasste, es war so kalt, dass ihm sofort die Finger schmerzten. All sein Geld und Gold konnte er nun nicht mehr gebrauchen. Das Schlimmste aber war, dass sein Herz eiskalt wurde, so dass er sich fortan nie mehr wohl in seiner Haut fühlte. Die schöne Zauberin verließ das Dorf und keiner hat sie seither mehr gesehen.«

Aufmerksam hatte Manuel gelauscht. Welch sonderbare Geschichte! »Nun lauf aber«, sprach der Großvater, »und führe unsere gute Ziege noch ein wenig zum Grasen den Berg hinauf.«

So tat der Junge, wie ihm der Großvater geheißen hatte. Als er schon ein wenig höher war, vernahm er einen wundersamen Ton. Er klang hell und rein. Wo mochte dieser Klang herkommen? Noch nie zuvor hatte er so etwas gehört.

Er folgte mit seiner Ziege dem Klang in einen Birkenwald zu einer kleinen Lichtung. Dort saß eine wunderschöne Frau. Ihre Haare glänzten golden in der Sonne und ihre Augen waren warm und gut. In ihren Händen hielt sie eine kleine Schale, welche die Farbe ihrer Haare trug. Mit einem Haselnussstock schlug sie an den Rand der Schale, und ein wunderbarer Ton erklang! Wenn sie mit dem Stöckchen um den Rand der Schale strich, war es, als ob diese zu singen begänne. »Komm näher, Manuel,« sagte sie, »ich warte schon lange auf dich!« Ohne Furcht ging Manuel zu ihr. Es war ihm, als ob er die Frau schon lange kannte. »Ich sehe, dass das Schicksal des alten Mannes dich traurig macht. Du musst wissen, nicht ich habe ihn verzaubert. Es kam durch das Zauberwort nur das zum Vorschein, was schon immer in ihm war. Wer die Hand gegen das Gute erhebt, der richtet sich selbst!

Auch ich war traurig darüber, denn ich war ja gekommen, um ihn auf den richtigen Weg zu bringen, aber es gelang mir nicht. 77 Jahre sind seither vergangen, und ich habe auf ein Menschenkind gewartet, das erneut mit Mut versuchen will, ihm zu helfen.«

»Das würde ich sehr gerne, große Zauberin, aber was soll ich tun?«

»Nimm meine klingende Schale. Ihr Ton kann das Eis schmelzen, jedoch nur, wenn sie von einem gespielt wird, der Liebe im Herzen trägt. Liebe verwandelt, Liebe bringt Wärme und Licht. Es mag sein, dass es dir trotz der Schale nicht gelingt ihn zu befreien, denn wenn er selbst noch nicht zur Umkehr bereit ist, wird all das nichts nützen!« »Ich will es versuchen, liebe Fee, und die Schale singen und klingen lassen.«

So machte sich Manuel auf den Weg und fand bald das Haus und den Mann mit dem Herz aus Eis. Der Junge fing an, die Töne anzuschlagen. Sie klangen durch die Luft. Als der Mann den Jungen sah, blickte er zuerst sehr zornig und wollte schon mit wilden Gesten auf ihn zulaufen. Doch je näher er kam, desto lauter hörte er die Töne. Er blieb stehen und schaute grimmig auf Manuel. Da begann dieser mit dem Hölzchen um die Schale zu streichen, und diese sang so süß, dass dem Alten das kalte Herz zu schmerzen anfing – es schmerzte ihn so sehr, dass er weinen musste. Heiße Tränen liefen ihm über die Wangen. Seit 77 Jahren hatte er nicht mehr geweint. Manuel spielte aus dem tiefen Wunsch heraus, dem Mann zu helfen, und je länger dieser weinte, umso wärmer wurde es rundherum. Das Haus, die Gegenstände, der Hund, alles taute und wurde so von dem Eis befreit. Auch Manuel weinte, er weinte vor Freude. Da reichte ihm der Alte die Hände und drückte ihn an sein Herz, das nun warm in seiner Brust schlug. Der Hund hüpfte freudig an beiden hoch und ringsherum begannen die Blumen zu blühen.

»Dieser Ton und deine Liebe haben mich zu neuem Leben erweckt. Wo kommst du nur her?«

»Ich komme von der guten Fee, die seit 77 Jahren darauf wartet, dass jemand dich erlösen kann.« »So hat sie mich nicht vergessen! Ich werde nun immer daran denken, was sie mir schon vor langer Zeit zeigen wollte: Reichtum sollte geteilt werden, damit Freude und Liebe in der Welt gedeihen können. So will ich nun mit den Armen teilen und die Zeit, die mir noch bleibt, dazu nutzen, die Menschen zu lieben, so wie du und die gute Fee mich lieben. In dem Augenblick, in dem ich in das Feenreich gehen darf und dieser Körper in die Erde gelegt wird, sollst du Haus und Besitz erben. Du wirst es gewiss gut verwalten und niemals vergessen, dass alle Menschen unsere Brüder und Schwestern sind! Nun spiele Kind, spiele auf der singenden Schale, damit alle Welt vernimmt, dass das Herz aus Eis getaut und zu neuem Leben erwacht ist!«

Da meckerte Manuels Ziege leise dazu und es klang, als lachte sie.

○ »Wie gefällt euch dieses Märchen?«

△ Kinder erzählen lassen.

□ Sprachlichen Ausdruck fördern.

○ »Wir können jetzt selbst spüren, wie die Töne der Schale unser Herz berühren, wenn wir uns eine Schale auf die Brust stellen und ein Freund sie anschlägt.

□ Durch den Kontakt mit dem Instrument nimmt das Kind seinen Körper und durch ihn den Ton intensiver wahr.

○ Bildet Paare und besprecht, wer anfängt.

□ Selbständigkeit fördern.

○ Spüre und horche genau, es geht besser wenn du die Augen schließt. Das andere Kind darf nun mit dem Holzklöppel die Schale leicht anschlagen.«

△ Der Tonschwingung nachspüren lassen.

○ »Wie ist es, die Schale auf dem Körper zu spüren?

□ Erfahrung in Sprache umsetzen lernen.

○ Was fühlst du, wenn der Ton angeschlagen wird?«

△ Kinder erzählen lassen.

○ »Vielleicht möchtest du ausprobieren, wie es ist, die Schale noch an anderer Stelle auf deinem Körper zu spüren, suche selbst einen Platz aus. Der andere schlägt die Schale wieder an.«

□ Experimentierfreude der Kinder unterstützen.

□ Erfahrungen sammeln lassen.

○ »Wenn ihr einige Körperstellen ausprobiert habt, dann darf sich das andere Kind hinlegen und die Schale auf den Körper legen und fühlen, wie es ist, wenn die Schale erklingt.«

□ Kinder erfahren, dass es wichtig ist zu geben und zu nehmen. Jeder möchte an die Reihe kommen. Das Anschlagen ist genauso schön wie das Fühlen der Schwingungen auf dem Körper.

○ »Nun dürft ihr euch auf eure Decke legen und zuhören, wie ich für euch spiele.«

□ Entspannen und die Töne aufnehmen.

○ Dann gehe ich mit meiner Schale herum und spiele ganz leise. »Wenn du den Klang an deinem Ohr hörst, darfst du ganz leise aufstehen und in das Gruppenzimmer gehen.«

□ Anweisungen hören und befolgen lernen.

Weiterführungsmöglichkeiten

○ Bei einer weiteren Einheit mit allen Kindern geben wir verschiedene Materialien in die Schüssel und schlagen sie an. Wie verändert dies den Ton? Wann erklingt er anders, wann ist er schön, wann weniger schön? Verändert sich der Ton, wenn wir es mit viel oder wenig Wasser in der Schale probieren?

○ Wir reiben die Schale mit dem Holzklöppel und beobachten das Wasser dabei. Wenn wir die richtige Wassermenge in der Schüssel haben (je nach Schale unterschiedlich), steigen kleine Wasserfontänen aus der Schale auf.

○ Wir können versuchen, mit den Schalen zu singen, ihre Töne nachzuahmen.

○ Immer, wenn wir uns irgendwie unwohl fühlen, können wir auf der Schale spielen, bis wir uns besser fühlen (eine Klangecke einrichten).

○ Eine weitere Möglichkeit ist, die Klangschalen mit Orff-Instrumenten zu kombinieren und ein großes Klangkonzert aufzuführen.

○ Klangschalen können sehr gut als Signal eingesetzt werden, z.B.: »Seid bitte alle ruhig« oder »Wir räumen auf«. Der Klang kann auch anzeigen, dass wir ein Märchen hören oder etwas besonders Schönes zusammen tun wollen.

sich nicht ebenso mit Gott? Dieses tiefe intuitive Wissen will ich bei den Kindern mithilfe der folgenden Meditation stärken. Das Licht Gottes strahlt immer in unserem Herzen, wir müssen uns nur daran erinnern. Wenn wir lernen, unser Herz zu spüren, werden wir sehr bald von dem innewohnenden Lichte gestärkt werden. Dann haben wir zum Herzensgebet gefunden. Die Kinder erleben, dass Gott nicht weit weg ist, sondern in ihrem Herzen wohnt.

Raumgrundgestaltung

Gestaltung der Mitte: Entweder einen Messingteller oder einen mit Goldpapier überzogenen Teller mit Teelichtern bzw. einer Kerze darauf in die Mitte stellen.

Sonne im Herzen

In vielen Religionen gilt die Sonne als heiliges Symbol des Göttlichen. Im christlichen Glauben wird sie oft mit dem Lichte Jesu Christi verglichen. So wie er alle annahm und liebte, so scheint die Sonne ja auch über Gerechte und Ungerechte. Auch wenn der Himmel verhangen ist und wir die Sonne nicht sehen können, erhellt sie doch unsere Erde und wir wissen, sie ist da. Verhält es

Material

Malpapier und Fingermalfarben (gelb, orange, rot) für jedes Kind.
Diese Übung ist besonders in sonnenarmen Zeiten zu empfehlen.

Gruppenstärke

Maximal zehn Kinder.

Anleitung	Pädagogische Hinweise
○ Jedes Kind sucht sich einen Platz. Wir betrachten den Kerzenteller und werden ganz ruhig dabei.	□ Stille werden durch Betrachten.
○ »Wir lassen unsere Augen ganz sanft auf der Kerze ruhen, fast so, als ob die Kerze vor unseren Augen verschwimmt.«	□ Peripheres Sehen üben, damit die Augen sich dabei entspannen können. △ Zeit geben.
○ »Wir können vorsichtig die Hände über die Kerzen halten und die Wärme spüren.« »Was könnten dieser Teller mit der Kerze und den Blumen darstellen?«	△ Assoziation zur Sonne herstellen.
○ »Ja, vielleicht die Sonne, die warme, helle, gute Sonne, die Blumen, Tieren und Menschen ihr Licht schenkt.«	△ Die Sonne gilt seit alter Zeit als Lebens- und Gottessymbol.
○ Meditativer Text: »Die Sonne bringt Licht, die Sonne bringt Leben, durch sie können Pflanzen, Tiere und Menschen lebendig sein. Die Sonne bringt Freude. Wenn sie scheint, sind wir fröhlich, sie tut uns gut.«	△ Text langsam sprechen. □ Zuhören lernen. □ Stille werden.
○ »Die Sonne kann aber nicht nur draußen scheinen, damit sie uns hilft. Sie kann auch in unserem Herzen erstrahlen.«	△ Erklärung und Hinführung zur Visualisierungsübung.

○ »Lasst uns das gemeinsam versuchen. Wir schließen die Augen und legen die linke Hand auf die Mitte unserer Brust, die rechte Hand legen wir dann darüber. Hier, wo die Hände jetzt liegen, stellen wir uns einen hellen Punkt vor. Immer wenn wir nun einatmen, wächst dieser Punkt – er wird größer und größer, bis er so groß wie unsere Brust ist. Eine kleine Sonne – sie kann sogar noch größer werden –, so als ob wir nun in der Sonne säßen, so groß, dass sie über unseren Körper hinausstrahlt und ihr Licht uns umgibt.

□ Visualisieren lernen.

△ Durch Körperberührung fällt das Vorstellen leichter. Die Körperwärme der Hände symbolisiert die Sonnenwärme und entspannt.

□ Das innere Bild wachsen lassen.

□ Intuitiv spüren, dass das Licht in unserem Herzen ist.

○ Sie ist warm, hell und gut. Sie macht uns glücklich, froh und heil.

□ Geborgenheit im Licht erleben.

△ Zeit zum Spüren geben.

○ »Langsam öffnen wir wieder die Augen. Wer hat die Sonne im Herzen spüren oder sehen können? Wie hat euch die Übung gefallen?«

□ Gefühle ausdrücken lernen.

□ Sprache fördern.

○ »Die Sonnenübung kann man auch machen, wenn man einmal traurig ist oder sich unwohl fühlt! Die Sonne ist ein guter Helfer.«
Wir wollen der Sonne danken: »Gute Sonne, guter Freund. Dir sei Dank gesagt, für die Wärme, für die Freude, die ich an dir hab!«
Wir stellen uns vor, dass unsere Finger Sonnenstrahlen sind, mit ihnen kitzeln wir das Nachbarkind an der Nase!

△ Hilfe zur Selbsthilfe geben.

○ Wir legen uns alle gemeinsam auf den Boden. Alle Füße berühren sich in der Mitte – wir sind die Sonnenstrahlen – wir sind alle Teil der großen Sonne. Jeder hat seinen Platz darin. Wir reichen uns im Liegen die Hände und spüren die Wärme der Füße und Hände – wir gehören zusammen.

○ Jedes Kind darf sich nun Malpapier und Farben nehmen und seine Sonne auf das Papier malen!
Mit all den schönen Sonnen wollen wir dann das Zimmer schmücken, damit wir oft an die Sonne in unserem Herzen denken.

☐ Gemeinschaftsgefühl stärken.

☐ Intuitiv spüren, dass wir Teil des großen Ganzen sind.

Weiterführungsmöglichkeiten

○ Sonnenstrahlenmassage: Ein Kind liegt am Boden, es stellt die Erde dar. Ein anderes Kind ist die Sonne. Die Finger sind die Sonnenstrahlen. Diese streichen nun sanft über den Körper des anderen Kindes. Danach Partnerwechsel.

○ Wir spüren an einem Sonnentag ganz bewusst die Sonne auf dem Körper.

○ Wir bauen im Garten eine Sonnenuhr.

○ Wir lassen die Sonne durch ein Prisma (gut geeignet ist dazu ein Bergkristall mit mehreren Seitenflächen) fallen und beobachten, wie das Licht in Farben zerlegt wird.

○ Wir erfinden einen Sonnentanz (z.B. mit gelben und orangefarbigen Tüchern).

Julias Sonnenlied

Sonne, liebe Sonne
komm doch herunter.
Ich sitze hier
auf meinem Stuhl,
lass du deinen Stuhl oben
und sitz auf meinem Schoß!

(Julia, 4 Jahre alt, erfand dieses Lied spontan, nachdem wir verschiedene Sonnenübungen gemacht hatten.)

Kleiner Mund
sing mir ein »O«

Singen macht fröhlich, stärkt uns und verbindet die Menschen miteinander. Auch wenn wir die Sprache eines anderen Menschen nicht kennen, können wir oftmals doch mit ihm singen und dadurch eine gefühlsmäßige Verbindung mit ihm aufbauen. Das Singen der Vokale ist in vielen Völkern verbreitet. Aufgrund der Erkenntnis, dass das Erklingen von Selbstlauten eine sehr starke Wirkung auf uns ausüben kann, wird diese Technik auch von verschiedenen westlichen wie östlichen Mönchen eingesetzt, um den Geist zu beruhigen und zu seiner Klärung beizutragen. In Indien ist das Wehensingen beim Geburtsvorgang eine traditionelle Methode, bei welcher viele Vokale gesungen werden, um den Schmerz zu lindern. Die Linderung tritt deswegen ein, weil unser Körper beim Singen zu einem Klangkörper wird, der mit den Tönen mitschwingt.

Je nach Laut und Tonhöhe versetzen wir verschiedene Bereiche unseres Körpers mehr in Schwingung. So ordnet man das »U« dem Unterleib, das »O« dem Bauchraum, das »A« dem Herzbereich, das »E« dem Hals und Gesicht und das »I« dem oberen Kopfbereich zu. Die Körperteile werden durch das Singen der Vokale so in Vibration gebracht, dass ein Gefühl der Weitung und Entspannung in ihnen entsteht. Wenn wir eine Zeit lang singen und dann damit aufhören, empfinden wir oft eine tiefe Stille und Harmonie. Wenn Sie schon etwas geübter sind, entstehen beim Vokalsingen die sogenannten Obertöne. Als Oberton bezeichnet man Töne, die höher als der angeschlagene Grundton vibrieren. Es ist faszinierend zu hören, wie wir gleichzeitig zwei Töne hervorbringen. Ein ähnliches Phänomen wie sie auch die Klangschalen aufweisen (siehe Übung *Schale sing und kling*). In der Klangtherapie gelten diese Obertöne als besonders heilsam. Warum das so ist, werden wir mit dem logischen Verstand wahrscheinlich nicht begründen können. Sicher ist jedoch, dass wir durch das Singen der Vokale die Stimme der Kinder ausbilden, ihr Atemvolumen vergrößern und den Klang ihrer Stimme ausformen. Meistens entwickelt sich eine spürbare Stille im Kind, die harmonisierend wirkt. Die Lautbildung wird gefördert und das Ganze macht allen Beteiligten viel Spaß. Verpackt in ein Singtheater wird es zum ganzheitlichen Erlebnis und die Kinder bekommen Freude daran, das Singen der Vokale immer wieder einzusetzen, um auch den richtigen Ton in ihrem Leben zu finden.

Raumgrundgestaltung

Für diese Übung eignet sich jeder gut gelüftete Raum. Sehr gut macht es sich, einen Bambusstock mit Laken an die Decke oder einen Türrahmen zu hängen.

Material

Leinentuch, wie ein Vorhang an einem Bambusstock befestigt. Stoffschere, dicker Filzstift, Spiegel, Lippenstift und Pomade, ein Musikinstrument, auf dem Sie den Schlusston spielen können.

Gruppenstärke

Bis zehn Kinder.

Anmerkung

Sehr gut für Erstklässler geeignet, um die Selbstlaute zu lernen.

Anleitung	Pädagogische Hinweise

○ Die Kinder betreten den Raum und sehen das glatt ausgestrichene Leinentuch hängen.
»Wozu könnten wir heute ein Leinentuch brauchen?«
»Wir wollen ein Singtheater aufführen – dazu müssen wir aber noch etwas verändern! Wir wollen runde Löcher, so groß wie eure Gesichter aus dem Laken schneiden.

☐ Interesse wecken, raten lassen.

○ Nehmt euren Finger und streicht damit um euer Gesicht – welche Form hat euer Gesicht und wie groß ist es?«
Zwei Kinder dürfen die unteren Ecken des hängenden Tuches festhalten.

☐ Tastsinn und Wahrnehmung fördern.

○ Nun darf sich jedes Kind ganz nah an das Laken stellen, so dass ich das Gesicht durch den Stoff fühlen kann. Ich male den Kreis auf den Stoff.

△ Lassen sie einige Kinder aufrecht stehen, andere knien, damit die Höhen variieren.

○ Einer nach dem anderen darf nun seinen Kreis ausschneiden. Wir müssen dazu alle das hängende Laken festhalten, damit das Schneiden erleichtert wird.

△ Kreis etwas kleiner als das Gesicht malen.

☐ Feinmotorik schulen.

○ Wenn die Gesichterkreise ausgeschnitten sind, können wir alle durchschauen. »Ich habe einen Spiegel dabei, damit ihr sehen könnt, wie ihr jetzt ausseht.
Das Leinentuch ist unsere Bühne, ihr seid die singenden Theaterspieler.

△ Ausprobieren lassen.

○ Jeder, dem ich den Spiegel vor das Gesicht halte, schaut besonders genau auf seine Lippen – sie sind nämlich die Hauptdarsteller.«

»Nun kommt noch einmal alle hinter dem Laken hervor. Ich habe hier Lippenfarbe oder -creme, je nachdem was ihr haben möchtet. Damit können wir unsere Hauptdarsteller schminken oder einfach pflegen, damit sie schön geschmeidig sind.

☐ Wahrnehmung schärfen.

○ Wer keines von beidem möchte, kann mit seinem Finger sanft über die Lippen streichen, sie werden dadurch gut durchblutet und massiert und für die Aufführung vorbereitet. Ihr könnt dazu in den Spiegel schauen.«

Nun nimmt wieder jeder seinen Platz ein.

»Ich bin der Theaterleiter und zeige euch jetzt, wie wir singen wollen.

Als Erstes macht ihr mit euren Lippen tonlos einfach nach, was ich euch vormache! Passt genau auf und macht es nach.«

☐ Tastsinn und Körperwahrnehmung fördern.

○ Warten, bis alle Kinder die Mundstellung erfasst haben.

△ Ich forme mit gespitzten Lippen einen kleinen Kreis für das › O ‹.

○ »Ja, so ist es richtig. Mit dieser Mundstellung singen wir jetzt alle ein › O ‹.

Das sieht lustig aus, ich zeige es euch im Spiegel. Jedes Kind, das in den Spiegel schaut, singt dabei ein › O ‹.

△ Positive Verstärker zur Motivierung.

△ Wir singen gemeinsam: O, O, O, O.

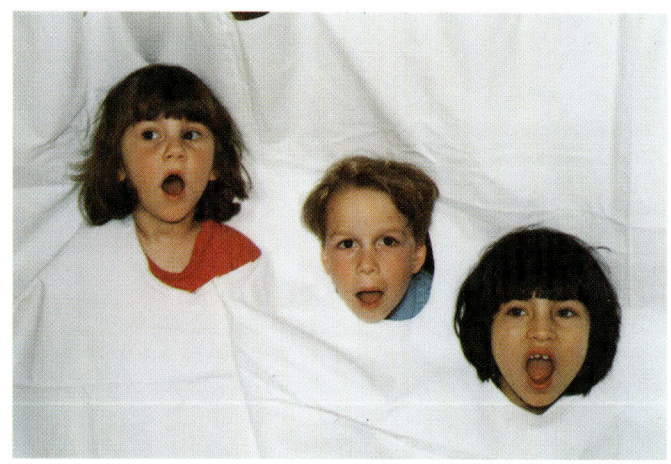

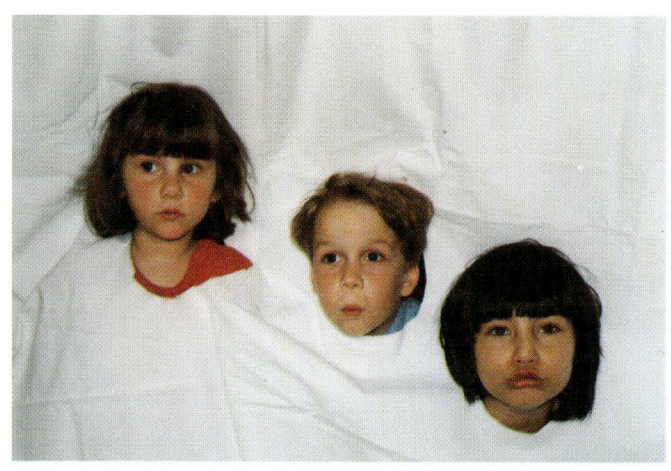

○ Und jetzt schaut wieder genau zu, wie ich nun die Lippen forme, sie sehen jetzt ein klein wenig anders aus!
Versucht, es mir nachzumachen – die Unterlippe schieben wir weiter vor. Jetzt können wir alle zusammen das › U ‹ singen.«
»Ich gehe wieder von einem Kind zum anderen und lasse euch in den Spiegel schauen, ihr singt dazu das › U ‹.

△ Ich forme jetzt wieder mit gespitzten Lippen, die Unterlippe jedoch etwas weiter nach vorne geschoben, die U-Mund-Stellung.

○ Nun schaut, ich habe noch eine andere Mundstellung, ich öffne den Mund ganz weit. Lasst mich sehen, wie ihr das macht. Gemeinsam singen wir das › A ‹.
Das klingt toll, jetzt darf wieder das Kind alleine singen, das in den Spiegel schaut. Sieh, wie weit du deinen Mund dazu öffnen kannst!
Bei der nächsten Übung braucht der Mund nicht so weit auf zu sein, er kann sich etwas erholen!

△ Weit geöffneter Mund für das »A«.

○ Dafür ziehen wir die Lippen etwas in die Breite. So können wir das › E ‹ gut singen, alle singen das › E ‹. Wer möchte dazu noch einmal in den Spiegel schauen?«

△ Die Lippen für das »E« etwas in die Breite ziehen.

○ »Die letzte Lippenstellung sieht fast so aus, wie wenn wir lachen, schaut her! Versucht es alle, und dann singen wir › I ‹. Wer möchte, kann sich wieder im Spiegel betrachten.

△ Die Lippen noch weiter in die Breite ziehen, um das »I« zu formen.

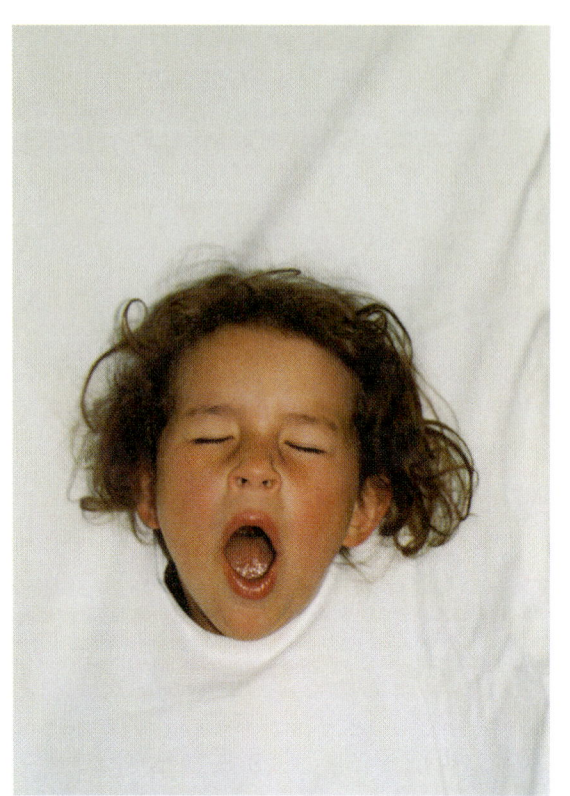 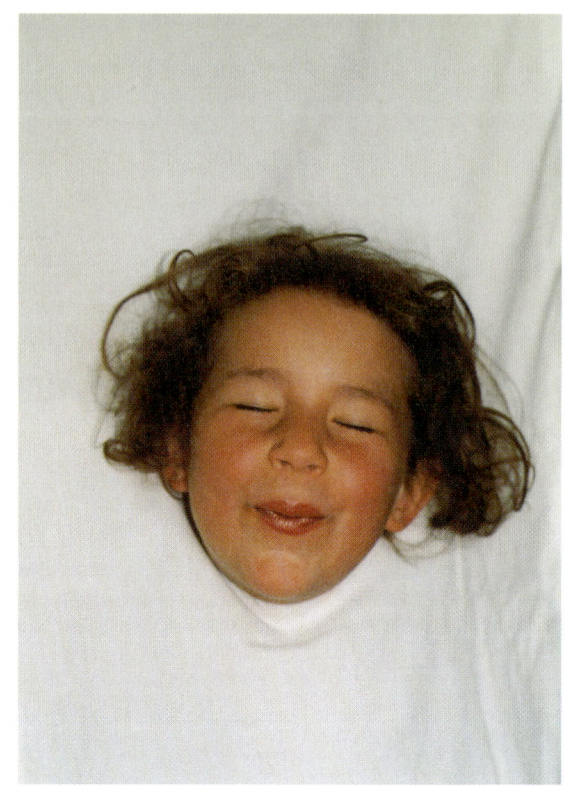

Ja, voll Freude will ich singen,
dass die Töne voll erklingen,
A und O und U und Eee,
und sing ich dann das hohe I,
tun dir vielleicht die Ohren weh!

○ Wer weiß nun noch, wie das › O ‹ geht?

△ Zur Vertiefung das Ganze wiederholen.

○ Wer will es vormachen? Ein Kind kann zu mir kommen und es den anderen zeigen. Alle machen es dann nach. Wer möchte das › U ‹ vormachen? Alle machen wieder mit. Jetzt darf einer das › A ‹ vorzeigen und wir machen mit, ebenso das › E ‹. Zuletzt noch ein Kind das › I ‹. Wir üben gemeinsam.«

△ Lernzielkontrolle für den Erzieher – haben die Kinder die Lippenstellung schon erfasst?

○ »Das klingt schon ganz toll, ihr seid tolle Sänger.
Jetzt wird es schwieriger! Ich bin gespannt, ob ihr diese Übung schon ebenso gut könnt!

△ Loben und auf diese Weise die Kinder motivieren.

○ Wir wollen mit dem › U ‹ beginnen. Das › U ‹ wird ganz tief – so tief ihr könnt – gesungen. Es kann euch dabei ein wenig im Bauch kitzeln.

□ Das tief gesungene »U« sorgt dafür, dass der untere Bauchraum etwas mehr in Schwingung gerät.

○ Etwas höher können wir jetzt das › O ‹ singen, vielleicht spürt ihr es nun in eurer Magengegend schwingen. Es hört sich sehr schön an, wenn wir alle › O ‹ singen.

△ Wir singen jeden Vokal ca. eine Minute lang.

○ Der nächste Buchstabe ist das › A ‹. Er wohnt in eurer Brust – darum sagen wir auch AAhh, wenn uns etwas besonders gefällt! Die Brust kann beim › A ‹-Singen ganz warm werden. Das › A ‹ singen wir wieder etwas höher als zuvor das › O ‹.

□ Mit der bildhaften Erklärung stellen wir einen emotionalen Bezug zu den Lauten her (das »A« wohnt im Herzen), die Laute werden gleichermaßen beseelt und dadurch von den Kindern als »Spielkameraden« empfunden.

○ Wir singen › A-A-A‹ .

○ Weiter oben im Körper, im Hals, sitzt das › E‹. Es wird noch höher gesungen als das › A‹. Das › E‹ wartet schon darauf, dass es herauskommen darf.
Als letzter Buchstabe bleibt das › I‹. Das › I‹ musste lange warten, bis es an die Reihe kommt! Darum wollen wir es jetzt besonders schön und hoch singen. Es wohnt wie auf einem Hochsitz oben im Kopf.

○ Singt so lange, bis ihr einen Ton von meinem Musikinstrument hört.

○ Dann seid ihr ganz still und spürt nur euren Körper.
Jetzt nehme ich den Stock aus dem Laken, so dass es herunterfällt und ihr wie ein vielköpfiges, lustiges Gespenst ausseht – das Sing-Gespenst!

△ Gemeinsames Singen – ca. eine Minute.

△ Die Kinder wiederum ca. eine Minute singen lassen.

△ Sehr gut geeignet sind Klangschale, Glockenspiel oder Metallophon.

△ Alle gemeinsam »I« singen lassen und nach ca. einer Minute den Schlusston laut spielen.

☐ Der Kontrast von Singen und Stillesein lässt die Kinder sich selbst spüren. Sie können meist fühlen, dass das Singen ihnen gut tut.

△ Kurze Stille einhalten.

○ Wir wollen ein Sing-Gespenst-Spiel spielen: Solange wir › U‹ singen, gehen alle nach vorne.
Wenn wir ein › O‹ singen, gehen alle Kinder rückwärts.
Beim › A‹ gehen wir zur rechten Seite, bei › E‹ zur linken,

○ und bei › I‹ schlüpfen wir schnell aus dem Laken heraus!

☐ Werden die Laute lustig und in Bewegung gesungen, führt das zu einer Vertiefung der Erfahrung.

☐ Das Reaktionsvermögen wird gestärkt.

△ Mit dem »I« das Ende des Spiels signalisieren.

Weiterführungsmöglichkeiten

Sie können versuchen, die Vokale in folgender Tonhöhe mit den Kindern zu singen:
U auf dem tiefen C; O auf dem D; O auf dem E; A auf dem F; E auf dem A; E auf dem G; I auf dem H.
Die wohltuende Wirkung auf Körper und Seele kann auf diese Weise verstärkt werden. Es sollte für Kinder aber immer spielerisch geschehen. Sollte die Tonhöhe nicht so recht getroffen werden, dürfen Sie die Kinder auf keinen Fall tadeln. Wichtig ist die Freude am Spiel, durch sie können wir den Lebensfluss in uns stärken!

Für größere Kinder

○ Vokale in bunten Farben malen lassen.

○ Körperumrisse der Kinder aus Papier malen und die Vokale in die zugeordneten Körperbereiche schreiben lassen und farblich ausgestalten.

Für alle Kinder

○ Lustige Gesichtsgymnastik durch schnellen Wechsel der verschiedenen Mundstellungen der Vokale.

○ Kinder stellen sich wieder hinter das Laken – nur die Gesichter sind zu sehen. Wir bestimmen nun, welche Kinder den Laut U, O, A, E, I erhalten. Der oder die Erwachsene steht hinter den Kindern und tippt die Kinder leicht am Rücken an. Immer das Kind, das angetippt wird, singt seinen Laut. Das Ganze macht viel Spaß, wenn das Tempo immer mehr gesteigert wird und Zuschauer vor dem Laken sitzen.

Schwarzes Theater

○ Statt eines weißen Lakens verwenden wir schwarzen Stoff. Die Gesichter werden ebenfalls schwarz geschminkt. Nur die Lippen werden kräftig weiß bemalt. Zimmer verdunkeln, Bühne leicht beleuchten. Der »Chor« singt nun erst gemeinsam – wie in der Hauptübung – alle Vokale. Dann singt jeder einzeln (nachdem er von hinten angetippt worden ist). Nun sprechen alle gemeinsam ganz leise: O, O, O, A, A, A, die Töne waren da! Das Tuch wieder niedersinken lassen, so dass es wie ein Umhang über den Kindern hängt. Die Kinder verlassen leise, Vokale rufend und hüpfend den Raum.

○ Wir können das Vokalsingen auch als Überleitung für andere Tätigkeiten einsetzen – es beruhigt die Kinder und lässt sie gemeinsam etwas erleben.

○ Als Abschluss eines Spieltages vor dem Nachhausegehen ist es ebenfalls schön, gemeinsam einen oder mehrere Vokale zu singen.

Farben so bunt

Können Sie sich noch an ein Lieblingskleidungs-
stück aus Ihrer Kindheit erinnern? Waren es
vielleicht rote Gummistiefel oder war es ein gel-
bes, helles Sommerkleid? Manche Dinge vergessen wir nie, oftmals wegen ihrer Farben. Die
Farben umgeben uns vom ersten Atemzug an.
Wer kennt nicht das wohltuende Gefühl des
frischen Grüns im Frühling nach einem langen
farblosen Winter? Oder aber, dass wir uns an
bestimmten Tagen in gewissen Farben einfach
wohler, sicherer oder schöner fühlen. Der Grund
hierfür liegt darin, dass jede Farbe ihre eigene
Schwingung aussendet, die wir empfangen.

Wundervolle Farben sehn,
heißt auf bunt bemalten Wegen
in die eigne Seele gehn!

Auch wir können mittels Farben Botschaften aussenden. Indem wir zu einer bestimmten Farbe greifen, drücken wir unsere Gefühle aus. Sind wir wütend, können wir dies z.B. mit einem grellen Rot zum Ausdruck bringen. Ebenso können wir uns aber auch durch das Tragen bestimmter Farben etwas Gutes tun und einem Unwohlsein entgegenwirken. Mit Blau lassen sich z.B. Aggressionen besänftigen. Gelb erheitert uns bei Niedergeschlagenheit. Alle Möglichkeiten zu beschreiben, die Farben uns bieten können, würde hier zu weit führen. Für unsere Übung mit den Kindern ist das genaue Wissen darum auch nicht wichtig. Kinder suchen sich intuitiv immer genau die Farben, die sie brauchen, um sich zu stärken oder wieder ins Lot zu bringen. Vielleicht fragen Sie sich jetzt, was es zu bedeuten hat, wenn ein Kind schwarz malt. Braucht es schwarz, wenn es ihm nicht gut geht? Ja, das Kind heilt sich, indem es das Schwarze aus sich herausholt und es auf das Papier malt!

Anders ist es jedoch, wenn wir schwarze Kleidung direkt auf unserem Körper tragen. Das Schwarz ist dann sehr nah – es steht gewissermaßen an der Pforte zu unserem Innersten. Schwarze Kleidung kann gerade bei Kindern schnell bedrückende Gefühle auslösen. Ich persönlich rate jedem ab, Schwarz als Modefarbe bei Kindern einzusetzen. Die jahrelange Erfahrung und Beobachtung hat mir gezeigt, dass Schwarz blockierend auf den Energiefluss des Menschen wirkt. Es mag manche Anlässe geben, bei denen Schwarz geeignet ist oder einen gewissen Schutz bietet, z.B. bei Trauer. Manchmal muss uns auch das Dunkle ein Stück unseres Weges begleiten, damit wir es hinter uns lassen können. Wir dürfen dabei aber nie vergessen, dass sich Dunkelheit nur durch das Licht verwandelt. Licht drückt sich für uns in bunten Farben aus. Kinder suchen sich genau die Farben heraus, die ihnen gut tun. Sie spüren, dass die verschiedenen Farben ihnen helfen können. Sie werden daher immer wieder zu Farben greifen, die sie glücklich machen (vgl. Vollmar 1994).

Material

Kasperl als Handpuppe oder eine andere geeignete Figur; ein Säckchen voller bunter kleiner Stoffkreise von ca. 5 cm Durchmesser (die Kreise sollten einfarbig sein – also keine gemusterten Stoffsorten aussuchen – und jede Farbe sollte mehrmals vorhanden sein); Filzstifte.

Gruppenstärke

Acht bis zehn Kinder.

Anleitung	Pädagogische Hinweise
○ Alle Kinder setzen sich. »Grüßt euch, Kinder! Ich habe erfahren, dass ihr immer sooo schöne Spiele macht – darum wollte ich auch einmal dabei sein.	△ Die »Handpuppe« übernimmt die Leitung der Übung.
○ Ich habe euch sogar ein tolles Spiel mitgebracht – es ist versteckt in meinem Säckchen – wollt ihr es kennenlernen? Ja?	△ Motivation verstärken.
○ Dann darf jedes Kind einmal in das Säckchen greifen und fühlen, was darin sein könnte.«	△ Alle Kinder greifen in das Säckchen und fühlen, ohne zu sagen, was sie spüren.
	□ Warten lernen.
○ »Na, wie fühlt sich das an?« Weich, kuschelig...	□ Kinder lernen Sinneseindrücke über die Haut sprachlich klar auszudrücken.
○ »Wir wollen uns ansehen, was in dem Säckchen ist. Es sind viele bunte, kleine Stoffkreise darin.	△ Die Puppe leert das Säckchen auf dem Boden aus.
○ Ihr könnt mir helfen, sie alle schön hinzulegen, damit wir die Farben besser sehen können.«	△ Alle helfen mit.
	□ Schulung des Tastsinns und der Feinmotorik.
○ »Jetzt schaut euch diese vielen schönen Farben an. Welche gefällt euch gerade am besten?	△ Kurze Pause einhalten, damit die Farben wirken können.
○ Ihr dürft euch eine Farbe auswählen und euch einen Stoffkreis nehmen. Halte ihn in deinen Händen und betrachte ihn.	△ Intuitiv auswählen lassen, jedes Kind nimmt sich, was es braucht!

○ Wo auf deinem Körper möchtest du diesen Kreis hinlegen? Du kannst dich dazu auch auf den Boden legen.

□ Körpereigenen Impulsen folgen lernen.

○ Stell dir vor, dieser kleine Farbkreis sinkt ein wenig in deinen Körper ab, genau da, wo du ihn hingelegt hast. Dort gefällt es ihm und weil es ihm dort gut geht, möchte er dir ein Geschenk machen! Er schenkt dir ein wenig von seiner Farbe. Wenn du die Augen schließt, kannst du dir vorstellen, wie etwas von der schönen Farbe z.B. in deinen Bauch oder Arm hineinfließt. Das tut dir gut.

□ Indem wir den Stoffkreis personifizieren, stellen wir einen emotionalen Bezug zwischen dem Kind und seiner Farbe her. Auf diese Weise kann die Farbschwingung noch besser wirken.

○ Der kleine Farbkreis und du – ihr fühlt euch sehr wohl...

△ Etwas Zeit verstreichen lassen.

○ Möchte der Farbkreis vielleicht noch irgendwo anders auf deinem Körper liegen? Wenn ja, dann lege ihn auf eine andere Stelle.
Stell dir vor, dass der kleine Kreis auch hier wieder in dich eintaucht und dir Farbe schenkt – auch hier tut dir die Farbe wieder Gutes.

□ Körpereigene Impulse wahrnehmen lernen.

○ Fühlst du es?

△ Kurze Zeit warten.

○ Jetzt nimm den Kreis herunter und strecke dich ein wenig. Wir wollen uns erzählen, wie wir die Farben erlebt haben ...«

△ Alle Kinder wieder ganz wach machen.

○ Die Kinder erzählen ihre Eindrücke.

○ Puppe: »Der kleine Farbstoffkreis ist wie ein Freund, ihr könntet ihm ein Gesicht malen! Dann sehen eure Kreise gewiss sehr lustig aus!
Ich möchte gerne, dass wir alle unsere Kreise in die Mitte legen. Wie schön sie sind!

△ Filzstifte austeilen.

○ Zum Schluss wollen wir alle gleichfarbigen Kreise suchen und sie zusammenlegen.

□ Farberkennen intensivieren.

○ Ihr könnt dann damit etwas Schönes legen (z.B. eine Blume, einen Baum, eine Raupe ...).«

□ Kreatives Gestalten mit der Farbe.

○ Gemeinsam betrachten und bewundern wir die entstandenen Bilder.

△ Immer wieder loben, um die Kinder in ihrem Tun zu stärken.

○ Handpuppe: »Ich schenke euch euren kleinen Kreis – er soll euch nach Hause begleiten. Gewiss möchte er mit in eurem Bett schlafen. Vielleicht mag er auch gerne auf eurem Körper beim Einschlafen liegen? Ihr könnt es mir morgen erzählen!«

△ Die Kinder motivieren, auch zu Hause die Farbe einzusetzen, um Körper und Seele zu erfreuen.

Anmerkung

Manchmal möchten die Kinder mehrere Farben auf einmal benutzen. Ich halte es aber am Anfang für notwendig, mit einer Farbe zu beginnen. Die Kinder können dann diese eine Farbe intensiver wahrnehmen. Sie können die Übung jedoch öfter wiederholen und die Zahl der Farben dann erhöhen. Je öfter Sie diese Übung durchführen, desto eher bekommen die Kinder auch die Farbe, die sie gerade brauchen. Die Stoffkreise sollten als Spielmaterial immer zur Verfügung stehen (als Bildmaterial oder damit sich die Kinder selbständig immer dann eine Farbe holen können, wenn sie sie brauchen).

Weiterführungsmöglichkeiten

Geschicklichkeits- und Reaktionsspiel: Viele Stoffkreise werden im Turnraum auf dem Boden ausgelegt – alle Kinder laufen im Raum herum, ohne auf einen Kreis zu treten. Eine Farbe wird ausgerufen, z.B. ROT. Welche Kinder erwischen mit der Hand solch einen Kreis? Kreise wieder hinlegen – weiterlaufen – neue Farbe ausrufen, usw.

Kreative Bewegung

Kinder stehen noch am Anfang ihres Lebens, sie bewegen sich in ihr Dasein hinein. Vielleicht reagieren wir als Erwachsene ungläubig, wenn wir vom Bewegungsmangel bei Kindern hören. Wo sich Kinder doch ohnehin den ganzen Tag bewegen! Dies mag der Wahrheit entsprechen, wenn Kinder nicht zu lange vor dem Fernseher oder Computer sitzen. Aber selbst, wenn dies nicht der Fall sein sollte, ist es möglich, dass Kinder ein sehr eingeschränktes Bewegungsfeld und dadurch auch eingeschränkte Bewegungsmöglichkeiten haben! Denken Sie nur an die vielen kleinen Mietwohnungen oder daran, dass viele Kinder weder einen Garten noch die Natur in ihrer Nähe zum Spielen haben! Dadurch verarmen sie immer mehr in ihrem natürlichen Bewegungsausdruck. Die Folge sind stereotype Bewegungsmuster. Diese wiederum lassen nur allzu oft auch Verhaltensmuster auf anderen Gebieten entstehen. So wird z.B. ein Kind, das immer mit »Schimpfe« rechnen muss, wenn es laut herumtollt und vergnüglich dabei quietscht, unbewusst ein Muster in sich entwickeln, das ihm sagt: »Halte dich lieber still und fall erst gar nicht auf, dann bist du besser dran und wirst mehr geliebt!« Dieses Muster wird es in Zukunft anwenden und das nicht unbedingt zu seinem eigenen Vorteil. Denn nun ist es in seinen Entscheidungen nicht mehr frei, sondern in den eigenen Verhaltensmustern gefangen!

Wie schon in der Einleitung erwähnt, haben Kinder einen sehr viel höheren Bewegungsdrang als Erwachsene. Allzu oft unterschätzen wir das Bewegungsbedürfnis von Kindern. Wir empfinden ja nicht so wie sie. Wird dieses Bedürfnis jedoch sehr eingeschränkt, versiegt auch die Kreativität des Kindes. Bei enormer Reduzierung der Bewegungsfreiheit werden Kinder aus Angst vor Strafe träge! Das unterdrückte Bedürfnis nach Bewegung wird verdrängt, Stillstand zur Regel. Dies kann dann zu körperlicher, seelischer und geistiger Erkrankung führen (Haltungsschwäche bzw. Haltungsschäden; organische Fehlfunktionen von Lunge und Herz; unwohl und unglücklich sein; eingeschränkte Lernfähigkeit, Unkonzentriertheit). Dann kann auch keine heilsame Stille mehr im Kind entstehen. Das Immunsystem findet kaum mehr Möglichkeiten sich zu stärken. Um dies zu verhindern, müssen wir den Kindern Raum und Zeit zur Bewegung geben. Bewegung hat viele Gesichter und darf nicht gleichgesetzt werden mit wildem Gebaren und zügellosem Verhalten! Vielmehr handelt es sich dabei um einen schöpferischen Akt, bei welchem das Kind entdeckt, wie viele Möglichkeiten der Bewegung ihm sein Körper bieten kann, um Freude und Spaß zu haben! Auch die langsamen, geführten Bewegungen gehören dazu. Ebenso das Tanzen und die Möglichkeit, den eigenen Gefühlen über Bewegung Ausdruck zu verleihen und Spannungen abzubauen. Kreative Bewegungserziehung bedeutet: Raum zum Leben zu geben. Indem wir den Kindern diese Türe öffnen, lernen auch wir Erwachsenen neue Wege zu gehen und frischen Wind in unsere Bewegungsmuster zu bringen!

Ich tanze ins Leben,
die Sonne, die Blumen,
die Menschen, sie werden
zum Segen!
Ich tanze ins Leben,
und ich lache über mich
und die Sorgen
auf dieser Welt!

Ich tanze ins Leben,
tanz allem entgegen,
die Liebe begleitet mich
und alles umarme ich,
und tanz weiter
mein Leben!

Ich tanze ins Leben,
alles wird mir zum Segen,
so kann ich geben
und geben.

Der Elfentanz

Können Sie sich noch an Geschichten aus Ihrer Kindheit erinnern, welche von zauberhaften kleinen Wesen handeln, die in Blumen wohnen? Engelchen gleich, mit Flügeln auf dem Rücken, halb Kind, halb Blume, verschmolzen mit der Natur.

Von den Elfenkindern ist hier die Rede, welche Käfer und Schmetterlinge sowie Zwerge zu ihren Freunden haben. Manchmal zeigen sich die Elfen sogar den Menschenkindern, aber nur, wenn diese besonders gut sind und die Natur lieben und schützen! Wie sehr hatte ich mir immer gewünscht, solch ein Elfchen fliegen zu sehen! Vielleicht war es dieser unerfüllte Wunsch, der mich auf die Idee brachte, den Kindern mit dem Elfentanz eine Türe zur Natur zu öffnen. Ich lasse sie damit in die »Haut der Elfen« schlüpfen und sie können mit den Blumenbildern verschmelzen. Der Elfentanz verzaubert große und kleine Menschen und entführt sie ins Reich der Natur.

Raumgrundgestaltung

Verdunkelter Raum.

Material

Diaprojektor; Leinwand oder weiße Wand; aus weißem Stoff geschnittene Kleidchen (Viereck, in der Mitte ein Loch für den Kopf ausschneiden); verschiedene Blumen- und Naturdias; ein Elfenbild oder eine kleine Elfenfigur.

Gruppenstärke

Sechs bis acht Kinder.

Musik

Loreena Mc Kennitt: *The Visit* (»All souls night«, »Tango to Evora«).

Anleitung

○ Die Kinder betreten den noch hellen Raum und setzen sich auf den Boden. Ich zeige ihnen eine kleine Elfenfigur (Bild) und wir sprechen darüber. Wir erfahren, dass die Figur eine Elfe darstellt, die in Blumen wohnt.
Ich sage den Kindern ein Elfengedicht auf, das wir am nächsten Tag im Stuhlkreis lernen können (es findet sich abgedruckt auf S.65).

Pädagogische Hinweise

☐ Kennenlernen der Märchenfigur und ihrer Eigenschaften.

☐ Eintauchen in das Land der Phantasie.

○ »Wir wollen heute im Spiel selbst Elfen sein, dazu brauchen wir weiße Kleider und den Diaprojektor mit schönen Blumendias. Wir müssen den Raum verdunkeln.«

○ Wir legen das erste Dia ein und schauen es auf der Leinwand an. Nacheinander dürfen die Kinder jetzt vor die Leinwand treten und das Blumenmuster auf ihren Kleidern betrachten.
Wir sehen uns auch die schönen Blumenkleider der anderen an.

○ Die Kinder bewegen sich nun zu verschiedenen Blumendias, sie tanzen und springen, auch zu mehreren.

○ Jedes Kind darf sich im Anschluss daran Bewegungen ausdenken und sie einzeln vortanzen. Alle anderen Kinder schauen still zu.
Wir fassen uns alle an den Händen und führen einen Elfenreigen auf.
Wir tragen unsere Elfenfigur oder unser Elfenbild in unseren Gruppenraum und finden einen schönen Platz dafür.

△ Erklärung des Ablaufes.

△ Vorsicht: Nicht in die Lichtquelle des Diaprojektors schauen, um die Augen zu schonen!

□ Visuelle Wahrnehmung schulen.

△ Ich stelle die Musik an.

□ Kreative Bewegung schulen.

□ Selbstbewusstsein und Selbstausdruck stärken.

Wenn die Kinder Lust haben, können wir aus Zauberwolle kleine Elfenfiguren gestalten (Zauberwolle und Bastelbücher dazu sind in vielen Bio- oder anthroposophischen Läden erhältlich).

Elfenkind, Elfenkind
flieg geschwind
rund um die große Wiese!
Zu den Blumen, die sich freuen
und ihren guten Duft verstreuen.
Zu dem Schmetterling, dem bunten,
und dem Käferlein, dem runden,
und die Zwergenkinderlein
laden dich zum Bleiben ein!

Ja, dein schönes Blütenkleid
wird bewundert weit und breit.
Auf der ganzen grünen Wiese
heißt du Elfenkind, das Süße!

Tanzende Tücher

Tücher laden wegen ihres weichen Charakters zum Tanzen ein. Wir können Chiffon-, Seiden- oder einfach leichte Stofftücher dazu verwenden. Ein Tuch lässt sich durch Bewegung immer wieder in neue Formen bringen. Wenn wir ihm dabei zusehen, kann es unser Tanzlehrer werden. Wir können es dem Tuch nachmachen und unseren Körper immer wieder neue Tanzhaltungen einnehmen lassen. Dadurch entsteht ein freier, kreativer Tanz. Mit Hilfe der farbenprächtigen Tücher können wir auf tänzerische Weise z.B. auch Blumen oder wie im folgenden Tanz Schmetterlinge darstellen. Die Tücher laden zu phantasievoller und ausdrucksstarker Bewegung ein.

Vorübung

Wenn Sie noch wenig mit den Kindern im Bereich des kreativen Tanzes gearbeitet haben, ist es sehr schön, wenn Sie beginnen, die Kinder erst einmal frei mit dem Tuch experimentieren zu lassen. Dazu sucht sich jedes Kind sein Lieblingstuch aus und zur Musik (einmal schnell, einmal langsam) erproben wir, was das Tuch alles kann. Wir schwingen, werfen, pusten, knäueln es, führen es um den Körper, über den Körper, legen es uns auf den Kopf und verkleiden uns mit den Tüchern. Dabei achten wir aber darauf, dass die Tücher aus sehr feinem Material nicht zu Schaden kommen.
Der Phantasie und der Freude sind dabei keine Grenzen gesetzt.
Wenn die Kinder mit dem Tuch genügend gespielt haben, können wir an einem folgenden Tag gezielter und gestalterisch mit den Tüchern tanzen.

Raumgrundgestaltung

Für diese Übung benötigen wir einen großen Raum für viel Bewegungsfreiheit. Gestaltung der Mitte: Alle Tücher liegen bunt durcheinander in der Raummitte.

Material

Chiffon-, Seiden- oder leichte Stofftücher.

Gruppenstärke

Bei wenig geübten Kindern nicht mehr als acht, ansonsten nach Belieben.

Musik

Karunesh: *Colours of Light* (»Galabriel«).

Anleitung	Pädagogische Hinweise

Tücher liegen in der Mitte des Raumes, alle Kinder stellen sich im Kreis rundherum.

»Wir haben bereits mit unseren Tüchern getanzt und gespielt. Heute wollen wir etwas ganz Besonderes mit den Tüchern ausprobieren. Wir wollen ein Tier nachmachen.

○ Welches Tier ist das, was glaubt ihr?«
Der Schmetterling.

       □ Interesse wecken.

       △ Kinder raten lassen.

○ »Ja, Schmetterlinge haben bunte Flügel, die so zart sind wie unsere Tücher!«

       □ Der Vergleich soll die Fantasie anregen und Kindern das Eintauchen in eine andere Welt erleichtern. Der Schmetterling eignet sich deshalb so gut für diese Übung, weil er den Kindern unbewusst das Thema der Verwandlung nahe bringt. Leben und Tod werden als Übergänge, als Abschnitte auf spielerische und wundervolle Weise begreiflich gemacht. Wir sterben ja nicht erst am Ende unseres Lebens, sondern ein Leben lang: Es sterben Körperzellen ab, erlebte Lebensphasen sind nicht mehr zurückzuholen. Dafür beginnt aber auch dauernd etwas Neues – so brauchen wir uns nicht zu fürchten, sondern können allem mit Freude entgegenblicken!

○ »Wer weiß denn, wie der Schmetterling aussieht, bevor er so schöne Flügel bekommt?

△ Warten, welche Informationen von den Kindern kommen.

○ Ja, zuerst sind da winzige Eier, die ein Schmetterling legt, aus ihnen schlüpfen klitzekleine Raupen, die fressen und fressen, bis sie groß und dick sind. Danach verpuppen sie sich – sie erhalten ein festes kleines Haus, das man Kokon nennt. In ihm vollzieht sich dann eine wunderbare Verwandlung. Nach einiger Zeit schlüpft nämlich ein wunderschöner Schmetterling daraus hervor.

□ Kognitiven Bereich schulen.

○ Wie gut doch alles erdacht ist! Wir können froh und dankbar dafür sein!«
»Wir wollen heute versuchen, dieses Wachsen und Werden vom Ei bis zum Schmetterling in einem Tanz darzustellen.«

□ Staunen und spontane Dankbarkeit empfinden können.

○ Gemeinsam überlegen wir uns, wie wir diese Entstehungsgeschichte spielen und tanzen können.

△ Anregung der Kinder aufnehmen und einbauen.

○ *Die kleinen Eier:* Wir liegen rund zusammengekauert auf der Erde.
Die kleine Raupe: Wir kriechen am Boden, suchen Nahrung (verschiedene Tücher liegen am Boden und stellen Pflanzen dar, an welchen die Raupen nagen).

□ Mit dem eigenen Körper und den Tüchern dieses Wunder ganzheitlich erleben.

Die Puppe (der Kokon): Wir haben vorher schon Tücher in den Hosentaschen versteckt, damit wickeln wir uns nun ein – bewegungslos stehen wir – langsam recken und strecken wir uns – lösen die Tücher – sie werden zu unseren Flügeln.

○ *Der Schmetterling:* Wir breiten die Flügel aus (in jeder Hand halten wir ein Tuch) und fliegen im Raum herum – erst ganz vorsichtig, dann mutiger – wir drehen uns, wir halten die Flügel hoch oder fliegen dichter am Boden.«

□ Kreative Bewegung fördern.

△ Kinder ausprobieren lassen.

○ Jedes Kind darf im Anschluss daran seine »Lieblingsflugfigur« vortanzen und die Gruppe tanzt sie nach.

□ Selbstvertrauen stärken.

○ *Die Schmetterlinge gehen zum Tanzball!* Nun stellen sich immer zwei Schmetterlinge zusammen und umtanzen sich – spielen miteinander – fliegen aufeinander zu, umkreisen sich. Dann darf Schmetterling A eine Tanzfigur vormachen und Schmetterling B macht sie nach. Im Wechsel so weitertanzen (vier bis sechs Figuren).

□ Sozialverhalten fördern – auf den anderen eingehen lernen.

○ »Jetzt stellen wir uns zum Spalier im größeren Abstand auf. Wir tanzen in jeweils vier Schritten und › Flügelschlägen‹ aufeinander zu und wieder voneinander weg. Als nächstes tanzt nur das erste Paar in vier Schritten aufeinander zu und wieder voneinander weg. Alle Paare folgen auf diese Weise.«

□ Auf die Gruppe achten lernen.

Die ganze Schmetterlingsgruppe tanzt dann mit einer Drehung um sich selbst in drei Schritten aufeinander zu und voneinander weg. Danach folgen wieder die einzelnen Paare der Reihe nach.

Als Abschluss des Spaliertanzes reichen sich die beiden ersten, sich gegenüber stehenden Kinder die Hand, tanzen durch das Spalier und stellen sich hinten wieder an, setzen sich aber auf den Boden, bis alle Paare durch das Spalier getanzt sind.

○ »Die Schmetterlinge sind nun müde – sie ruhen sich aus, sie schlafen und träumen auf ihrer Lieblingsblume vom wunderbaren Schmetterlingsball. Ganz ruhig liegen sie jetzt, sie schlafen und träumen.

□ Ruhig werden, das Erlebte auf sich wirken lassen.

○ Dann wachen alle wieder auf! Wir recken und strecken uns. Jetzt sind aus all den Schmetterlingen wieder Kinder geworden. Wir wollen mit unseren »Flügeln« eine schöne Mitte legen. Jedes Kind darf sein Tuch so, wie es ihm am besten gefällt, in die Mitte des Raumes legen.«

△ In die Realität zurückkehren und die Übung abschließen, indem wir mit den Tüchern eine schöne Mitte gestalten.

Weiterführungsmöglichkeiten

○ Wir versuchen mit mehreren Kindern einen großen Schmetterling darzustellen – die Schmetterlingskönigin. Dabei müssen wir ausprobieren, wie wir uns am geschicktesten aneinander festhalten, damit wir »fliegen« können, ohne dass der Schmetterling auseinander fällt.

○ Vielleicht können wir einen Schmetterlingsbaum (Sommerflieder) in unseren Garten pflanzen?

○ Aus Seidenpapier verschiedene bunte Schmetterlinge basteln.

○ Das Singspiel von Rolf Kränzer »Ich bin die Raupe Ursula« mit den Kindern spielen.

○ Wir können ein Sachbuch über die Schmetterlingsentwicklung anschauen und im Frühling die Raupen beobachten. Vielleicht finden wir eine Schmetterlingspuppe und können eine Schmetterlingsgeburt miterleben?

Der wilde Tanz

Wie oft hören Kinder: »Seid nicht so wild, seid nicht so laut, springt nicht herum...«
Sicherlich ist wildes Gebaren nicht immer und überall das angemessene Verhalten. Kinder brauchen aber sehr dringend genügend Möglichkeiten, um der unbändigen Kraft in sich einmal freien Lauf lassen zu können. Gerade weil Kinder heute mit so vielen Eindrücken konfrontiert werden und häufig davon überreizt sind, ist es von großer Wichtigkeit, dass ihnen »Wildsein« als Ventil erlaubt wird. Sie brauchen diese Form der Bewegung nicht nur als Ausgleich, sondern auch, um ihre ursprüngliche Lebenskraft einmal voll spüren zu können. Es baut Selbstvertrauen in die eigene Stärke auf und lässt eine ungetrübte Freude im Kind entstehen. Die gewonnene Lebenslust führt zu einem stabilen Fundament, das das Kind auch später durch schwierige Zeiten zu tragen vermag. Gewiss ist es beim wilden Spiel wichtig, dass Regeln eingehalten werden. Als Rahmenbedingungen bieten sie den Kindern Schutz: So ist es z.B. verboten, einen anderen beim Spiel zu verletzen; wir sind nur eine gewisse Zeit in einem bestimmten Raum »wild und laut« usw. Auf diese Regeln müssen Sie besonderen Wert legen, wenn hyperaktive Kinder an dem Spiel beteiligt sind! Besprechen Sie die Regeln, bevor Sie mit wilden Spielen beginnen und legen Sie Nachdruck auf Ihre Worte. Hier sollte es bei Übertretungen der Regeln kein Pardon geben.
Der wilde Tanz bietet eine besonders gute Gelegenheit, um den Kindern ein geführtes wildes Spiel anzubieten. Die Kinder können zwar richtig loslegen, schreien, Kräfte einsetzen, sind aber durch die Vorgaben bestens im Geschehen gehalten. Wie befreiend wirkt es auf sie, wenn ihr Lautsein nicht nur geduldet ist, sondern sogar gefordert wird und ein Lob in Aussicht dafür steht!

Raumgrundgestaltung

Raum mit möglichst viel Platz, eventuell auch im Garten. Gestaltung der Mitte: Aus Tüchern in Gelb, Orange und Rot eine symbolische Feuerstelle legen oder dazu echte Holzscheite verwenden.

Material

Schminkstifte für »Kriegsbemalung« (Spiegel); wenn vorhanden, Bilder von Ureinwohnern aus Afrika oder Australien.

Gruppenstärke

Wenn Sie zum ersten Mal tanzen, ca. zehn Kinder, später können Sie mit einer großen Kinderzahl tanzen.

Musik

Brent Lewis: *Earth Tribe Rhythms* (»Doom Tac A Doom«) oder Guem Et Zaka: *Best of Percussion* (»L'abeille«)

Anleitung	Pädagogische Hinweise

»Schaut Kinder, was in der Mitte des Raumes liegt. Es stellt ein Lagerfeuer dar.

○ Wer hat schon einmal ein großes Feuer gesehen oder gar selber gemacht?

                                                     △ Kinder erzählen lassen.

○ Es gibt Menschen, die sehr oft ein Feuer anzünden, sie leben aber nicht hier bei uns. Wer weiß etwas von diesen Menschen? Zu ihnen gehören z.B. die in Amerika lebenden Indianer, die Aborigines (Ureinwohner) in Australien oder auch Stammesangehörige in Afrika. Sie alle sind Ureinwohner ihrer Heimat.

□ Kognitiven Bereich fördern.

Ich habe einige Bilder von solchen Menschen dabei (ich zeige den Kindern die Bilder, die sie sich in Ruhe anschauen dürfen). Die Ureinwohner sind gute Jäger, aber auch sehr gute Tänzer. Oft tanzen sie alle zusammen ihre Tänze rund um das Feuer. Wir wollen heute einmal spielen, dass wir diese Menschen im Dschungel besuchen.

○ Wer möchte, kann sich dazu bemalen wie die Menschen auf den Bildern. Sie bemalen sich meistens zur Tarnung oder um jemandem einen Schrecken einjagen zu können, der dann ganz schnell davonläuft.

△ Schminkstifte austeilen und die Kinder selbst entscheiden lassen, ob sie sich anmalen und wie stark sie sich mit den Ureinwohnern identifizieren wollen.

○ Wenn alle bereit sind, schließen wir die Augen. Wir stellen uns jetzt vor, dass wir alle zusammen weit weg im dichten Urwald sind. Wir wollen einen afrikanischen Stamm besuchen.	□ Phantasie anregen.
○ Von fern hören wir leise Trommelmusik. Je näher wir kommen, desto lauter vernehmen wir die Trommeln –	△ Leise Trommelmusik anstellen und langsam lauter werden lassen.
○ da, jetzt sehen wir die Hütten, das Feuer und die Menschen. Sie tanzen.	□ Vorstellungsvermögen stärken.
○ Als sie uns sehen, lachen sie freundlich und winken uns heran, sie laden uns ein, mit ihnen zu tanzen. Wir stehen nun mit ihnen im Kreis und der Häuptling macht die Tanzbewegungen vor.	△ Emotionalen Bezug herstellen.
○ Zuerst wollen wir alle im Kreis gehen und fest dabei aufstampfen.	△ Das Körpergewicht wird dabei stark auf das tragende Bein gelegt.
○ Wir können dazu laut › Ho, Ha‹ rufen.	□ Durch den Einsatz der Stimme wird noch mehr Spannung abgebaut.
○ Dabei spüren wir unsere Fußsohlen, wie sie kraftvoll die Erde berühren.	□ Körperbewusstsein schulen.
○ Beim Stampfen schwingen die Arme locker mit.	△ Jede Vorgabe tanzen wir eine Kreisumdrehung lang.
○ Jetzt stampfen wir beim Gehen immer zwei Mal pro Fuß auf und die Arme schwingen wieder locker mit. Hände auf die Oberschenkel stützen, Oberkörper gebeugt stampfend im Kreis gehen, Kopf schwingt locker mit.	□ Das Stampfen weckt viel Kraft in den Beinen und Füßen. Es verbindet uns mit der Mutter Erde und wir nehmen deren stärkende Kraft besser in uns auf.

Afrikaner, Indianer,
Ureinwohner kann ich sein,
und im Dschungel will ich tanzen,
schwingen mich, im Grünen sein.
Trommeln hören,
stampfen, fliegen,
frei und immer freier sein.

76

○ Körper wieder aufrichten, Arme an-
winkeln und wie kleine Flügel auf-
und niederbewegen, dazu mit kur-
zen, kleinen Schritten weitergehen.
Arme seitlich ausstrecken, leicht an-
winkeln und wie große Adlerschwin-
gen auf und ab bewegen, mit etwas
größeren, leichten Schritten weitergehen.

△ Die Ureinwohner entwickelten aus
der Beobachtung des täglichen Lebens, der Natur und der Tiere ihre
Tänze. Hier stellen wir die kleinen
und großen Vögel dar.

○ Wir nehmen die Arme hoch und tragen imaginäre Speere, gehen dabei
rhythmisch zur Trommelmusik.

△ Nun gehen wir zur Jagd.

○ Nun drehen sich alle zur Kreismitte,
wir bleiben jetzt stehen und werfen
die imaginären Speere in die Kreismitte (10x) – die Beute ist getroffen!

△ Wir erbeuten Nahrung.

○ Wir schreien laut › uuuuah‹ (5x).

△ Wir freuen uns, dass wir davon leben
können.

○ Dann schreit jeder irgendwie, so laut
er kann. Zum Schluss wieder › uuu-
uuuah‹ (5x).

□ Schreien baut Spannungen ab.

△ Da das Schreien kontrolliert vor sich
geht, gerät es nicht aus den Fugen
und bleibt konstruktiv.

○ Wir tanzen nun mit fünf Schritten in
die Kreismitte (aufeinander zu) und
die Hände führen dabei eine heran-
holende Geste aus.
Wir tanzen die fünf Schritte rückwärts zurück, die Hände führen jetzt
eine abweisende Bewegung aus.

□ Hände als bewusstes Ausdrucksmit-
tel kennen und einsetzen lernen.

○ Wir tanzen wieder mit fünf Schritten aufeinander zu und schneiden dem gegenüberliegenden Kind Grimassen (zur Abschreckung!), die Hände boxen dazu in die Luft.	☐ Gesicht als bewusstes Ausdrucksmittel kennen und einsetzen lernen (hier Abschreckung).
○ Wir tanzen wieder fünf Schritte in die Mitte und lachen uns dabei zu, dann lassen wir uns auf den Boden sinken und legen uns zum Ausruhen um das Lagerfeuer.	☐ Gesicht als freundliches Ausdrucksmittel kennen und einsetzen lernen.
	△ Musik immer leiser werden lassen.
○ Wir lassen den Atem gehen und achten darauf, wie stark wir atmen müssen. Wir spüren die Wärme unseres Körpers.	☐ Boden bewusst spüren lernen.
	☐ Körperwahrnehmung stärken.
○ Wir schließen die Augen.	△ Musik ist jetzt ganz leise, nur noch schwach hörbar.
○ Wie gut ist es zu tanzen – ausgelassen und wild zu sein.	△ Das Tun positiv verstärken.
○ Wie viel Kraft unser Körper hat. Wie gesund und stark wir sind.	☐ Selbstbewusstsein und Vertrauen aufbauen.
○ Wie gut ist es, sich auszuruhen und still zu sein – den Boden zu spüren, zu wissen, dass er uns trägt.	△ Musik verstummt.
	☐ Erkennen, dass Bewegung und Ruhe für uns wichtig sind.
○ Wir danken den Ureinwohnern, dass wir sie besuchen durften und mit ihnen tanzen konnten. Jetzt kehren wir zurück in unsere Welt, in unser Zimmer oder unseren Garten und wenden uns vergnügt unseren Spielen zu.	☐ Natürliche Dankbarkeit wecken.

Weiterführungsmöglichkeiten

- Wir zünden ein echtes Feuer an, wie die Ureinwohner, und kochen oder braten etwas darauf.

- Wir schmücken/tarnen uns mit Naturmaterialien wie sie (Kopfschmuck).

- Wir schnitzen uns kleine Speere und werfen sie auf ein Ziel (nur unter Anleitung und Aufsicht).

- Wir erfinden eine eigene Urwaldsprache.

- Wir basteln Trommeln und spielen darauf.

- Wir können versuchen, über die Ton-Bildstelle einen Film über Afrika oder ähnliches zu bekommen und diesen mit den Kindern ansehen.

- Und natürlich können wir immer wieder zur Trommelmusik tanzen, schreien – wild sein!

Sonnenblume
tanz mit mir

Die Sonnenblume leuchtet weit mit ihrem strahlenden Gelb. Sie ist groß und erfüllt uns mit Freude, wenn wir ihr begegnen. Sie erinnert uns, wie der Name schon sagt, an die Sonne und weckt dadurch Wärme und Lebenslust in uns.

Sie ist die kleine »befühlbare Sonne«, für Kinder ein Stück Lebensfreude zum Anfassen und im Folgenden ein sonniger Tanzpartner.

Vorbereitung

Bevor Sie mit dem Tanz beginnen, sollten Sie das folgende Lied »Sonnenblume, Sonnenstern« mit den Kindern zusammen lernen.

Sonnenblume, Sonnenstern

Melodie: Marianne Weyerer
Text: Sylvia Lendner-Fischer

1. Son - nen - blu - me, Son - nen - stern,
2. Son - nen - blu - me, Son - nen - schein,

1. ich tan - ze heut mit dir so gern.
2. hell leuch - te in mein Herz hin - ein.

3. Sonnenblume, Sonnenkind,
mit dir ich große Freude find.

4. Sonnenblume, gelb und schön,
wie herrlich bist du anzusehn.

5. Sonnenblume, Sonnenkern,
die Vöglein fressen dich so gern.

6. Sonnenblume, sei dir Dank,
dass du so wächst in unserm Land.

7. Sonnenblume, Sonnenstern,
ich tanze heut mit dir so gern.

Raumgrundgestaltung

Ein etwas größerer Raum, der Platz zum Tanzen lässt. Gestaltung der Mitte: Ein Sonnenblumenstrauß steht bereit.

Material

Wenn möglich, für jedes Kind eine Sonnenblume. Schön ist es, wenn diese im Frühjahr zusammen gepflanzt wurden und nach dem Tanz jedes Kind seinen »Sonnenstern« mit nach Hause nehmen darf (die Sorte der Teddybär-Sonnenblumen ist für diese Übung besonders schön und im Blumenhandel erhältlich). Ansonsten können

sich auch zwei Kinder eine Blume teilen. Sie haken sich dann unter. Bei der ersten Strophe trägt Kind A die Blume, bei der zweiten Strophe Kind B, bei der dritten wieder Kind A usw.

Gruppenstärke

Diesen Tanz können Sie mit der ganzen Gruppe ausprobieren oder auch mit weniger Kindern.

Anleitung	Pädagogische Hinweise
○ »Wir wollen einen Kreis bilden, fasst euch dazu an den Händen. Schaut, die schönen Sonnenblumen. Gestern haben wir das Sonnenblumen-Lied gelernt, heute wollen wir die Blume noch besser kennen lernen.	△ Ich stelle die Vase mit den Sonnenblumen in die Mitte.
○ Worauf müssen wir Acht geben, wenn wir uns eine Blume herausnehmen?	△ Kinder sprechen lassen.
○ Wir müssen vorsichtig mit der Blume sein, da sonst ihr Stiel, ihre Blätter oder die Blüte kaputtgehen könnten. Stellt euch einfach vor, dass sie ein lebendiges Wesen ist – ein Blumenkind – dann werdet ihr gewiss nicht mit ihr herumschlagen oder grob mit ihr umgehen.	☐ Kinder sensibilisieren für einen verantwortungsbewussten Umgang mit der Natur.
○ Nun darf sich jedes Kind eine Sonnenblume herausnehmen. Schaut sie euch genau an, haltet sie mit einer Hand und befühlt sie mit der anderen, lernt sie kennen. Jetzt werden wir zu jeder Liedstrophe tanzen.«	△ Wenn sie weniger Blumen haben, dann lassen sie jetzt Paare bilden, die immer zusammen eine Blume bekommen.
	☐ Tastsinn schulen (die Blume »begreifen« können).

Sonnenblumen-Lied

○ *Sonnenblume, Sonnenstern,*
ich tanze heut mit dir so gern.

○ *Sonnenblume, Sonnenschein,*
hell leuchte in mein Herz hinein.

○ *Sonnenblume, Sonnenkind,*
mit dir ich große Freude find.

○ *Sonnenblume, gelb und schön,*
wie herrlich bist du anzusehn.

○ *Sonnenblume, Sonnenkern,*
die Vöglein fressen dich so gern.

○ *Sonnenblume, dir sei Dank,*
dass du so wächst in unserm Land.

○ *Sonnenblume, Sonnenstern,*
ich tanze heut mit dir so gern.

○ »Jetzt legen wir mit unseren Blumen in der Mitte eine große Blüte – dann wird dies die größte Sonnenblume auf der Welt sein!«

△ Wir gehen tänzelnd durch den Raum und halten die Blume mit beiden Händen.

△ Wir drehen uns im Kreis und neigen dabei die Blüte unserem Herzen zu.

△ Wir gehen durch den Raum und strecken die Blüte hoch in die Luft.

△ Wir wippen auf den Füßen hin und her und halten die Blume in Augenhöhe, damit wir sie direkt anschauen können.

△ Wir gehen durch den Raum, halten die Blume mit einer Hand, mit dem Zeigefinger und Daumen der anderen Hand formen wir den »Vogelschnabel« und tun so, als ob wir damit auf der Blume picken.

△ Wir drehen uns im Kreis und legen die Blüte dabei an unsere Wange.

△ Wir gehen wieder tänzelnd durch den Raum und halten die Blume mit beiden Händen.

△ Wir tanzen und singen, solange wir Lust dazu haben.

□ Das Gefühl für Gemeinschaft fördern.

○	Ich lege die erste Blume in den Kreis und ihr könnt eure immer wieder rundherum legen, nur dann wird es eine tolle, große Blume.«	☐	Kinder sollen die Erfahrung machen, dass das Tun jedes Einzelnen wichtig ist, um etwas Großes zu bewirken.
○	»Schaut, wie schön sie ist, schließt jetzt eure Augen und versucht, euch die Sonnenblume noch einmal vorzustellen, die gelben Blüten, die grünen Blätter, den dicken Stiel.«	☐	Visualisieren üben.
		☐	Stille werden fördern.
○	»Nun öffnet eure Augen wieder und stellt eure Blume zurück ins Wasser. Gewiss ist sie schon recht durstig. Wir wollen einen schönen Platz für unseren Sonnenblumenstrauß suchen, damit wir sie noch mehrere Tage anschauen können.«	☐	Lernen, dass Blumen nur kurze Zeit ohne Wasser auskommen.
		△	Wenn Sie für jedes Kind eine Blüte haben, ist es auch sehr schön, sie mit nach Hause zu geben.

Anmerkung

Dieser Tanz ist für eine kindgemäße Tanzaufführung bei einem Fest gut geeignet.

Weiterführungsmöglichkeiten

○ Wir malen große Sonnenblumenbilder auf Zeitungsmakulatur oder Tapetenrollen und schmücken längere Zeit unseren Raum damit.

○ Wir spielen Vogelfamilie in ihrem Nest (Körperkontakt-Kuschelspiel) und knabbern dabei geschälte Sonnenblumenkerne.

○ Wir malen mit gelber Straßenkreide große Sonnenblumenblüten auf die Straße (nicht zu weit auseinander) und machen ein Hüpfspiel daraus (von Blüte zu Blüte hüpfen).

Ich bin ein kleiner Wind,
sause so gern geschwind,
hin und her und auf und nieder,
sing so gerne wilde Lieder,
werd ich dann müde irgendwann,
sing ich Wiegenlieder dann.
Für die Kinder gar, die Kleinen,
damit sie schlafen und nicht weinen,
streichle zärtlich übers Haar –
ich kleiner Wind bin wunderbar!

Ich bin der Wind

Der Wind ist ein lustiger Geselle, er vereint das Wilde wie das Sanfte in sich. Gerade darum setze ich ihn so gerne als Element ein, wenn ich mit den Kindern tanze. Auch sie tragen das ursprünglich Ungezähmte wie das natürlich Sanfte in sich. Sie haben die Möglichkeit, beides auszuleben, wenn sie beim Tanzen den Wind darstellen.

Raumgrundgestaltung

Jeder Raum ist geeignet, der genügend Platz zum Tanzen lässt. Raum vorher gut lüften.

Material

Kleines Rundholzstäbchen, an dem verschieden lange Streifen aus weißem Stoff oder dünner Abdeckfolie befestigt werden.

Gruppenstärke

Sechs bis acht Kinder.

Musik

René Aubry: *Libre parcour* (»Fam Fam«) oder Rondo Veneziano: *Rondo Veneziano*

Anleitung	Pädagogische Hinweise
○ Kinder betreten den Raum und setzen sich auf den Boden. Wir sprechen kurz über die Jahreszeit und woran wir sie erkennen. Je nach Jahreszeit geben wir dem Wind einen Namen, z.B. Eiswind, lauer Frühlingswind ... Im Winter beginne ich das Gespräch z.B. so: »Was spürt ihr, wenn ihr mit dem Schlitten den Berg hinunter saust?« »Wovon werden eure Backen kalt?« Vom kalten Wind – dem Eiswind!	☐ Förderung des kognitiven Bereiches.
○ »Wir wollen uns heute einmal vorstellen, wie es ist, wenn der Eiswind durch die Lüfte pfeift.« »Können wir den Wind sehen?«	☐ Den Eiswind ganzheitlich erleben. Toll wäre, wenn an diesem Tag wirklich der Wind bläst. Dann können wir ihn draußen hautnah spüren.
○ »Nein, aber wir können ihn hören und spüren.«	☐ Förderung der akustischen Sinneswahrnehmung.
○ »Wir machen Windgeräusche: sch-ch-uuhuuhuu«	☐ Sprachförderung.
○ »Wir fächeln uns Luft in das Gesicht und spüren den Wind.« Nun zeige ich den Kindern das Stöckchen mit den Folienstreifen.	☐ Förderung der taktilen Sinneswahrnehmung.
○ »Dies soll heute unser Eiswind sein. Damit wir die Bewegung des Windes besser sehen können, habe ich diesen Tanzstock für euch gebastelt. Wir können uns vorstellen, dass wir *Windkinder* sind.«	☐ Aufbau der Motivation für die nachfolgende Tanzeinheit.

Jedes Kind bekommt jetzt ein Windstöckchen in die Hand.

○ »Zuerst sucht ihr euch einen Platz, an dem ihr stehen wollt.«

□ Förderung der Selbstbestimmung und der intuitiven Wahrnehmung.

○ »Wir können jetzt verschiedene Bewegungen ausprobieren, aber wir bleiben zuerst am Platz stehen und üben mit unserem Windstöckchen«

△ Aufforderung zum Bewegungsspiel am Platz.

○ »Wir müssen vorsichtig damit umgehen, um es nicht kaputtzureißen.«

□ Aufmerksamkeit schulen und Verantwortung für das Material übernehmen lernen.

○ »Jetzt gehen wir durch den Raum, ohne auf unser Windstöckchen oder das eines anderen Kindes zu treten.«

□ Anweisung hören und umsetzen lernen.

○ »Wir können selber Windgeräusche dazu machen.«
Sch-sch-uuhhuuhuuu-wuu...

□ Ganzheitliches Erleben durch Bewegung und Sprache (Lautförderung).

○ »Nun will ich euch ein Windgeräusch von der Kassette vorspielen – hört gut zu, dann könnt ihr euren Wind zu diesen Tönen tanzen lassen.«
Die Kinder bewegen sich durch den Raum.

△ Musik anstellen (René Aubry, »Fam, Fam«).

□ Musik hören, spüren und in Bewegung umsetzen lernen.

○ »Horcht auf die neue Windmusik, wir können dazu gehen, hüpfen oder unser Windstöckchen mit dem Arm bewegen. Jeder kann sich etwas dazu ausdenken!«

△ Musik wechselt (z.B. Rondo Veneziano).

□ Kreativität fördern.

○ »Jetzt können wir den Raum gemeinsam durchschreiten. Ich stelle mich vor euch und ihr stellt euch alle in einer Reihe hinter mich. Ihr macht einfach nach, was ich euch vormache – dann sieht es wie ein gemeinsamer Tanz aus!«

□ Erklärungen verstehen lernen.

□ Gruppentanz erfahren.

○ »Nun gehen wir vorwärts und bewegen unseren Arm mit dem Windstöckchen auf und ab. Danach gehen wir alle rückwärts mit der gleichen Bewegung.
Wir gehen wieder vorwärts, jetzt bewegen wir unsere Windstöckchen hin und her, beim Rückwärtsgehen machen wir dasselbe. Jedes Kind, das möchte, darf nun nach vorne gehen und die Gruppe mit einer Idee, wie der Wind tanzen könnte, anführen. Zum Schluss drehen wir das › Windchen‹ im Kreis.«

△ Wir stellen uns auf.

○ »Jetzt dürfen alle Kinder noch einmal so tanzen, wie sie es gerne möchten, wir versuchen aber immer wieder, den Wind zur Musik tanzen zu lassen.«

△ Frei fließende, beschwingte Musik z.B. Rondo Veneziano.

□ Rhythmusgefühl in den Kindern wecken.

○ »Wer möchte noch einmal ganz alleine vortanzen?«

△ Musik: Rondo Veneziano.

○ Wir setzen uns an den Rand und jedes Kind, das vortanzen möchte, darf dies tun.

□ Selbstbewusstsein stärken.

○ Wir klatschen für alle Kinder, die vortanzen.

△ Positiver Verstärker.

○ Jetzt wollen wir uns in einem Kreis aufstellen und gemeinsam den großen Wind darstellen. Wir bewegen alle gemeinsam das Stöckchen auf und ab und hin und her und drehen uns um uns selbst im Kreis.
Wir können dann drei Schritte zurückgehen und wieder drei Schritte nach vorn.

△ Den Abschluss des Tanzes können Sie entweder mit Musik oder mit der eigenen Stimme begleiten.

○ Langsam gehen wir jetzt in die Knie und tanzen ganz sanft mit dem Wind, bis er ganz aufhört und wir mit ihm am Boden liegen. Die Windkinder ruhen sich jetzt aus.

△ Musik oder Stimme wird immer leiser, bis alles ruhig ist.

○ Sie liegen still und träumen vom Winter, von den Menschenkindern, wie sie Schlittenfahren und Schneemänner bauen und wie sie selbst als Windkinder dabei herumtanzen.

□ Phantasie fördern, im Geiste den Tanz noch einmal nachvollziehen.

△ Überleitung zur stillen Übung, zur Ruhe und zum natürlichen Atemfluss.

○ Die Windkinder liegen ganz still, wir hören sie atmen, ganz ruhig ein und aus, ein und aus ...

△ ca. eine Minute bewusstes Atmen.

○ »Dann wachen sie wieder auf, dehnen und strecken sich, schütteln ihre Arme und Beine aus – alle Kinder stehen auf und schütteln sich. Nun sind wir wieder frisch und munter und gehen spielen.«

△ Alle Kinder in den äußeren Raum zurückführen und durch Körperbewegung erden.

Weiterführungsmöglichkeiten

○ Wind-Atemübung: Atemrhythmus, Atemtiefe erfahren. Die Windatmung können wir am nächsten Tag lernen. Ich halte dazu das Windstöckchen in der Hand. Immer, wenn ich das Stöckchen hebe, atmen wir ein, wenn ich es senke, atmen wir aus. Wenn das Stöckchen still steht, halten wir eine Atempause ein. Wir probieren unterschiedliche Rhythmen aus, atmen schneller aus und ein, dann langsamer. Eine lustige Variante ist es, die Kinder beim Ausatmen die Windgeräusche machen oder den »Wind schnarchen« zu lassen. Hierbei atmen wir mit Schnarchlauten ein und aus. Die Kinder lernen dadurch auf spielerische Weise verschiedene Atemrhythmen kennen, wodurch sich die Atemtiefe automatisch verstärkt.

○ Auf großen Blättern zu Windgeräuschen malen. Der Stift führt die »Windbewegung« aus. Auf diese Weise wird der Tanz des Windes sichtbar und auf dem Papier festgehalten.

Kuscheltiere tanzen gern

Heute noch hat mein kleiner Löwe bei mir Wohnrecht auf Lebenszeit. Immer wenn ich ihn anschaue, freue ich mich und bekomme ein »kuscheliges Gefühl«. Mit ihm verbinde ich zärtliche und trostreiche Momente meiner Kindheit. Könnten Sie sich eine Welt ganz ohne Kuscheltiere vorstellen? Ich glaube, unsere Kinder würden sich um ein großes Stück einsamer fühlen ohne sie. Mit Kuscheltieren kann man aber nicht nur schmusen, sondern auch ganz flott spielen und tanzen. Das macht den Kindern besonders großen Spaß!

Raumgrundgestaltung

Einen gut gelüfteten Raum mit viel Platz.

Material

Eine Decke für jedes Kind. Alle haben ihr (nicht zu großes) Kuscheltier dabei.

Gruppenstärke

Hier können viele Kinder teilnehmen.

Musik

Rock'n Roll Musik, z.B. Bill Hailey: *Hit single collection* (»Rock around the clock«)

Anleitung

○ Alle Kinder setzen sich mit ihrem Kuscheltier im Kreis zusammen. Jedes Kind darf seines vorstellen und wenn es einen Namen hat, uns diesen verraten. Wir schauen, ob sich unsere Kuscheltiere ähneln (wie viele Bären, Hasen, Affen usw. wir haben).
»Wie schön, dass wir nun alle Kuscheltiere kennen lernen durften und dass sie heute mit uns etwas erleben können.

○ Ich möchte euch eine kurze Geschichte erzählen. Sie handelt von Tom Bär und Tim Menschenkind.

Pädagogische Hinweise

□ Emotionale Stimmung herstellen.

□ Motivation für den folgenden Tanz.

Tom Bär

Der kleine Kuschelbär Tom lag gemütlich im warmen Bettchen neben Tim – seinem Menschenkind. Tim schlief noch tief und fest, aber Bär Tom lag wach und dachte nach. Es war ja ein ganz angenehmes Leben als Kuschelbär, er konnte faulenzen und schmusen und lag auf weichen Kissen. Aber manchmal, wenn er Tim mit seiner Freundin Anja so herumspringen sah, lachen und tanzen, dann wollte er das auch so gerne einmal erleben. Bärchen Tom gefiel es außerordentlich, wenn Anja sich im Kreise drehte und ihr Rock nur so in die Höhe flog. Wenn Tim hohe Sprünge vorführte, imponierte ihm dies gewaltig – wie aufregend es doch wäre, wenn er – Tom Bär – so etwas auch erleben könnte.

Vielleicht weil das Bärchen gar so sehr darüber nachgedacht hatte, wie schön das Tanzen sein könnte, träumte Tim genau in diesem Moment davon, dass er mit seinem Bär Tom im Arm und seine Freundin Anja mit ihrem Kuschelelefant Tombo einen wilden Rock'n Roll tanzten. Hei, wie war das lustig und welch tolle Figuren sie da tanzten. Mit Bär und Elefant war das Tanzen noch viel schöner als alleine. Kam es Tim nur so vor, oder schauten Bär Tom und Elefant Tombo plötzlich noch viel vergnügter aus als sonst?
Als Tim erwachte, schaute er Tom nachdenklich an. Heute, sagte er, wollen wir gemeinsam tanzen, ja? Und stellt euch vor, es sah so aus, als ob Tom Bär tatsächlich heftig mit dem Kopf nickte!

○ »Ich glaube, euren Kuscheltieren könnte es genauso wie Tom Bär gehen. Darum habe ich eine tolle Musik mitgebracht und ihr könnt mit eurem Kuscheltier ebenso wie Tim und Anja tanzen.

□ Transfer von der Geschichte zu unserer Realität schaffen.

○ Sucht euch mit eurem Tier einen Platz im Raum.
Wenn die Musik beginnt, dürft ihr nach Lust und Laune tanzen.

□ Eigenverantwortlichkeit fördern.

△ Es ist wichtig, dass die Kinder ihren Platz im Raum selbst bestimmen und suchen dürfen.

○ Bedenkt aber, dass es kein Kuscheltier liebt, wenn es geworfen wird, ohne aufgefangen zu werden.

□ Verantwortungsbewusstsein entwickeln und behutsamen Umgang mit der Mitwelt erlernen.

△ Musik anstellen (ruhig etwas lauter).

△ Einige Minuten Zeit zum Ausprobieren lassen.

○ Jetzt merkt euch eine Tanzfigur mit eurem Kuscheltier, die ihr uns zeigen wollt.

□ Selbstvertrauen stärken.

○ Wir stellen uns nun alle im Kreis auf. Ein Kind nach dem anderen macht seine Tanzfigur vor – die anderen machen sie dann gemeinsam nach.

□ Die Kinder sollen die Übung als Gruppenerlebnis aufnehmen.

□ Führen und folgen lernen.

○ Jetzt tanzen alle »Bären« in der Mitte und wieder zurück, nun alle »Hasen« usw. ...

△ Auf Zuruf tanzen nun alle Kinder, die z.B. einen Bären haben, kurz in der Mitte, bis alle Tiere einmal dran waren.

○ Wenn ihr noch Lust habt zu tanzen, dann machen wir das so, als ob wir in einen Spiegel schauten. Ihr stellt euch in Vierer-Reihen hintereinander auf. Ich stelle mich vor euch und mache eine Tanzbewegung vor, die ihr ganz schnell mitmacht.«

△ Wenn die Kinder noch motiviert sind, können wir einen Spiegeltanz aufführen. Hierbei stellt sich der Tanzleiter mit dem Gesicht zur Gruppe, die ihm als ganze gegenübersteht. Der Leiter gibt eine Bewegung vor, die ihm die Gruppe rasch – also spiegelbildlich – nachmacht. Es können auch Kinder als Vortänzer antreten.

○ »Holt euch nun eine kleine weiche Decke, auf die ihr euch mit eurem Kuscheltier legen könnt. Kuschelt und ruht euch einfach aus. Schließt eure Augen und spürt euren Kuschelfreund.
Wie gut ist es, gemeinsam zu tanzen und wie schön, sich gemeinsam auszuruhen!

□ Erholen und entspannen können.

□ Geborgenheit fühlen.

△ Zwei bis drei Minuten ausruhen.

○ Nun sei ganz ruhig und spüre deinen Körper auf der Decke liegen, spüre, wie du die Luft aus- und einatmest. Du bist jetzt ganz ruhig und still ...

□ Körperwahrnehmnung schulen.

○ Nun kehre zurück, schaue dir dein Kuscheltier an, reck und strecke dich und richte dich wieder auf.

△ Alle Kinder wieder in den äußeren Raum zurückführen.

Weiterführungsmöglichkeiten

° Wir spielen Zirkus mit den Kuscheltieren und denken uns für die Tiere passende Zirkusnummern aus, die jedes Kind dann mit seinem Kuscheltier vorführt.

° Körperkontaktspiel: Wir stellen uns vor, dass wir selber Kuscheltiere sind, die alle auf einem Sofa liegen und sich wohl fühlen (jeder Mitspieler berührt einen anderen dabei irgendwo). Dieses Spiel sollte nur mit Kindern gespielt werden, die wirklich dazu Lust haben (Nähe – Distanz).

Bärchen, Katzen, Hasen
springen heut herum,
wollen einmal tanzen,
das ist gar nicht dumm!
Wollen danach schmusen,
kuscheln, das ist fein.
Ich lege mich zu ihnen
und schlaf gemütlich ein.

Lichtertanz

In der Bibel steht geschrieben: »Da sprach Gott, es werde Licht und es ward Licht.« Das Licht war das Erste, was Gott auf dieser Welt erschaffen hat. Dort, wo Licht ist, kann ich Dinge erkennen und wahrnehmen. Ich fühle mich sicher und geborgen. Wenn ich ein Licht trage, erhelle ich den Weg, auf dem ich gehe, für mich und andere. Irdisches Licht, wie z.B. der Kerzenschein oder das Sonnenlicht, stehen symbolisch für das Licht Gottes. Es erinnert uns an ihn. Jedes gute Wort, jedes Lächeln, jede Freundlichkeit kann ein Licht im Menschen entzünden, solches Verhalten lässt uns füreinander zu Lichtträgern und -bringern werden.

Vorbereitung

Wir lernen mit den Kindern das folgende Lied.

Gespräch mit den Kindern

»Was bedeutet es, wenn wir singen: *Tragen, tragen, tragen will ich mein Licht hinaus?* Ist damit eine Kerze gemeint oder etwas anderes? Die Kerze ist nur ein Bild für unsere Liebe, für Freundlichkeit, für ein Lachen, das wir anderen schenken können. Wenn wir jemandem ein Lachen schenken, fühlt er sich wohl, er freut sich, es ist, als wenn plötzlich die Sonne scheint.«
Wir überlegen: »Wann haben wir schon einmal unser Licht hinausgetragen? Wie könnten wir unser Licht in Zukunft noch mehr verteilen? Welche Menschen gibt es, die im Dunkeln stehen? Wir nehmen uns vor, jemandem eine Freude zu bereiten.«

Tragen, tragen, tragen

Melodie: Marianne Weyerer
Text: Sylvia Lendner-Fischer

1. Tra - gen, tra - gen, tra - gen will ich mein Licht hin - aus

ich will es al - len brin - gen, die ganz im Dun - keln stehn.

Raumgrundgestaltung

Ein Raum, der genügend Fläche zum Tanz bietet und verdunkelbar ist. Gestaltung der Mitte: In der Mitte des Raumes steht ein Teller mit einer großen Kerze, ringsherum stehen Schälchen mit Teelichtern.

Material

Großer Teller mit einer großen Kerze; für jedes Kind eine kleine Glasschale oder eine ausgehöhlte Orangenschalenhälfte mit einem Teelicht darin.

Gruppenstärke

Sechs Kinder.

Anleitung	Pädagogische Hinweise

○ »Wir betreten jetzt den Raum. In der Mitte steht ein schöner Teller mit Kerzen. Bitte setzt euch rundherum auf den Boden.
Ich will jetzt die Kerze in der Mitte entzünden, an ihr können wir dann alle kleinen Kerzen anzünden.
Jedes Kind darf sich jetzt ein Schälchen nehmen. Ich will euch helfen, eure Kerzen anzuzünden. Wenn alle Kerzen brennen, wollen wir den Raum verdunkeln und sehen, wie schön das ist.

△ Der Raum ist vorerst noch nicht verdunkelt.

□ Anweisung hören, verstehen und umsetzen lernen.

○ Jetzt wollen wir unsere Kerzen ein Weilchen ganz still betrachten. Seht die kleinen Flammen, schaut das warme Licht, wie wunderbar.
Heute wollen wir das Licht tragen, so wie wir es in unserem Lied singen. Steht ganz vorsichtig mit euren Kerzenschalen auf.

△ Raum verdunkeln.

□ Sinneswahrnehmung schulen.

□ Stille werden durch Betrachten.

○ Gebt auf eure Haare Acht, bringt sie nicht zu nah an die Flamme!
Ganz langsam gehen wir durch den Raum, wir tragen das Licht durch das Zimmer. Wir tragen es in die Ecken, wir tragen es überall hin.

△ Achtung! Langhaarigen Kindern die Haare zum Pferdeschwanz binden!

○ Achtet einmal darauf, was an den Stellen passiert, wo ihr euer Licht hintragt? Es wird hell.

□ Kinder ausprobieren lassen.

Nun kommt mit eurem Licht zur großen Kerze in der Mitte zurück. Wir kennen alle das Lied: *Tragen, tragen, tragen ...*
Heute wollen wir nicht nur dieses Lied singen, wir wollen auch in Wirklichkeit ein Licht dabei tragen – wir lernen einen Lichtertanz.
Ich zeige euch, wie wir das machen können.

○ Schaut mir erst einmal zu, danach wollen wir gemeinsam tanzen.«
Ich singe:

□ Lernen durch Beobachten (Lernen am Modell).

△ Als Tanzleiterin mache ich den Tanz in seiner ganzen Schrittfolge den Kindern einmal vor, um ihn dann gemeinsam mit ihnen einzustudieren.

○ *Tragen, tragen, tragen,*

△ Wir stehen mit dem Rücken zur Kerze in der Mitte und gehen zu jedem »tragen« einen Schritt vorwärts (diese Schrittfolge wird vom ersten Vers begleitet).

○ *will ich mein Licht hinaus,*

△ Nun wiegen wir uns von links nach rechts und zur Mitte zurück (dazu singen wir den zweiten Vers).

○ *ich will es allen bringen,*

△ Wir drehen uns dann drei Schritte im Uhrzeigersinn mit Beistellschritt (wir singen den dritten Vers).

○ *die ganz im Dunklen stehn.*

△ Danach stehen wir mit Blick auf die große Kerze in der Mitte und wiegen uns wieder von links nach rechts und zur Mitte zurück, während wir den vierten Vers singen.

○ Tragen, tragen tragen

△ Zur zweiten Strophe gehen wir nun mit dem Text: *Tragen, tragen, tragen* auf die Kerze in der Mitte zu und verfahren ansonsten wie bei der ersten Strophe.

○ *will ich mein Licht hinaus,*

△ Wiegen von links nach rechts zur Mitte.

○ *ich will es allen bringen,*

△ Drehen mit Dreier-Schrittfolge (jeweils rechtes Bein vor, linkes Bein beistellen).

○ *die ganz in Sorge sind.*

△ Wiegen von links nach rechts zur Mitte.

△ Wir stehen nun wieder mit dem Rücken zur großen Kerze in der Mitte.

○ *Tragen, tragen, tragen*
will ich mein Licht hinaus,
ich will es allen bringen,
die ganz in Trauer sind.

△ Für Strophe drei und vier wird die Schrittkombination wiederholt.

Tragen, tragen, tragen
will ich mein Licht hinaus,
ich will es allen bringen,

○ *sie nun die Liebe sehn.*
(Licht nach oben halten)

△ Bei der letzten Zeile der vierten Strophe heben wir das Licht nach oben.

○ Jetzt wollen wir es gemeinsam versuchen; wir stellen uns dazu im Kreis um die große Kerze auf und schauen dabei nach außen.

□ Verbale Anweisung hören und umsetzen lernen.

○ Wir singen unser Lied: *Tragen, tragen, tragen* (wir gehen drei Schritte...). Leiten Sie den Tanz nun wie vorher beschrieben an.

△ Wir singen das Lied erst ganz langsam, bis die Kinder sich sicherer bei der Schrittfolge fühlen.

○ »Beim Tanzen können wir an einen Menschen denken, dem wir gerne unser Licht bringen möchten!«

△ Dieser Gedanke sollte in der Vorübung schon besprochen worden sein.

○ Jedes Kind darf zum Abschluss sein Licht irgendwo im Raum abstellen und neben seinem Lichtschälchen stehen bleiben. »Nun schaut euch noch einmal ganz still all die Lichter im Raum an. Wir freuen uns, dass wir Licht bringen dürfen, wir bringen Licht ins Dunkle mit jedem Lachen, jedem guten Wort und jeder Freundlichkeit.«

△ Einen Moment lang den Ausklang genießen.

Weiterführungsmöglichkeiten

° Wir tragen ein Licht ins Altenheim.

° Wir gießen eine schöne Kerze und verschenken sie.

° Wir stellen an einem schönen Platz eine Kerze auf, die oft brennt, damit sie uns an das innere Licht erinnert.

° Advent/Weihnachten: Wir sammeln verschiedene Kerzen. Jedes Kind bringt eine Kerze mit. Die Kerzensammlung dient als Adventskalender. Jeden Tag zünden wir eine Kerze mehr an. Zu jeder Kerze wird ein kleines Schild gestellt, worauf eine gute Eigenschaft steht, z.B. Liebe, Mut, Kraft. Gemeinsam denken wir uns jeden Tag dazu eine kleine Geschichte aus, oder wir suchen dazu passende Bilder. Wir können auch von eigenen Erfahrungen berichten, die sich mit der jeweiligen Eigenschaft verbinden, z.B. »Als ich einmal sehr mutig war«.

° Wir können den Lichtertanz in der Kirche zum Weihnachtsgottesdienst aufführen — aber vorher dringend in der Kirche proben (andere Platzverhältnisse!).

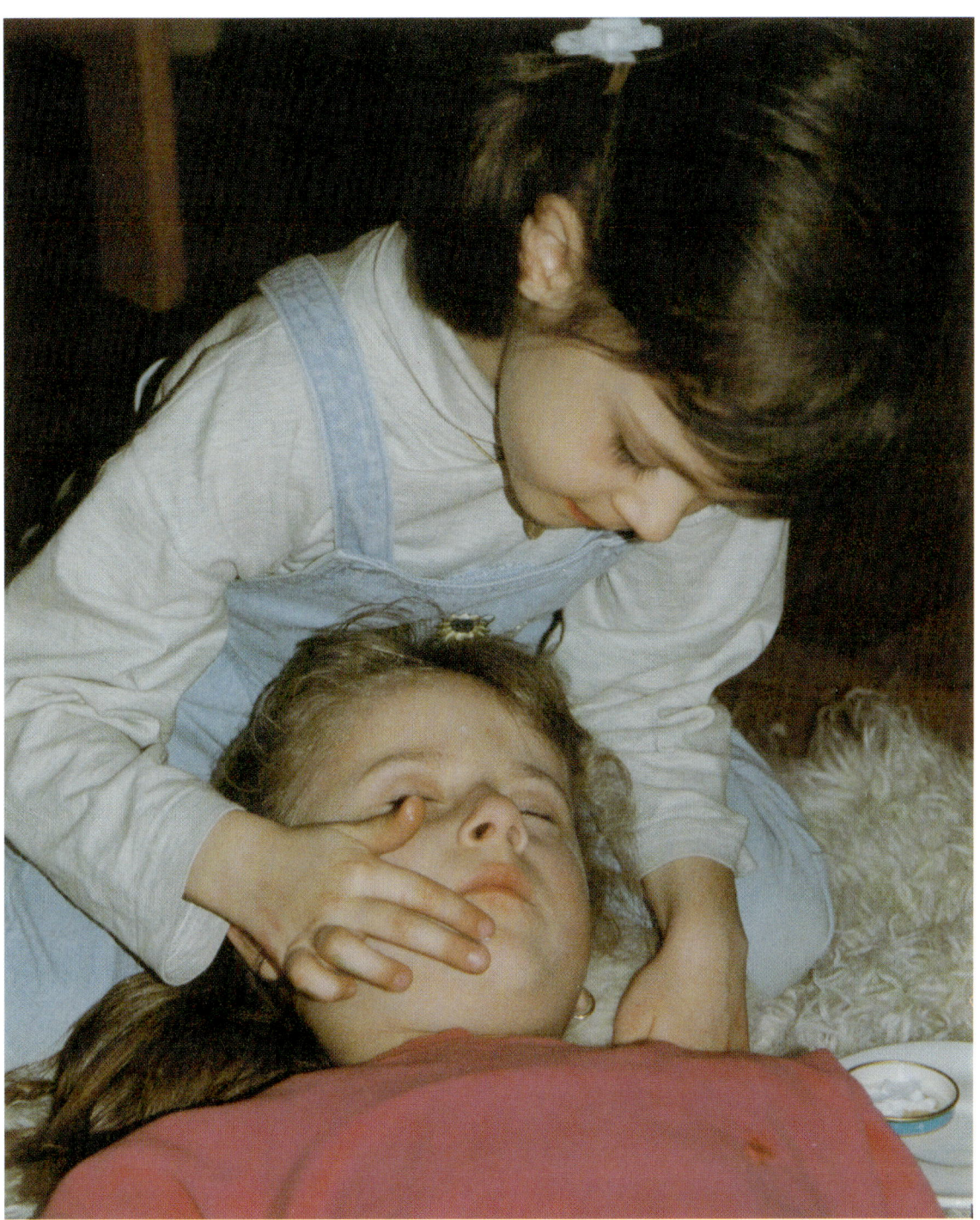

Ganzheitliche Massage

Es ist immer wieder ein Erlebnis zu beobachten, wie Kinder mit Massage umgehen, wie sie sich fallen lassen können, wie sie sie genießen und sich dabei wohl fühlen. Die zarten Berührungen lassen die Kinder den eigenen Körper stärker spüren, ihre Körperwahrnehmung wird dadurch intensiv geschult. Wachheit und Sensibilität für das eigene Sein entstehen. In unserer Zeit gleichen Kinder einem See, in den unaufhörlich Steine geworfen werden. Zu viele Einflüsse und Eindrücke zerstreuen aber ein Kind. Wie der See, der sich kräuselt, wenn man Steine in ihn hineinwirft, hinterlassen auch die vielen äußeren Einflüsse Spuren in der Kinderseele! Mithilfe liebevoller Massage können wir die Wogen glätten, die Kinder kommen zur Ruhe und entspannen sich. Erst jetzt ist wieder die Basis zur Konzentrationsfähigkeit gegeben. Aber noch eine andere, sehr wichtige Erfahrung können Kinder bei der Massage machen. Durch die sanfte Berührung entsteht ein angenehmes Gefühl. Das Kind spürt, dass es angenommen wird, dass es dazugehört. Sein Grundbedürfnis nach Liebe wird dadurch gestillt. Der Körper ist hier der Schlüssel zur Seele. Diese öffnet sich, das Kind kommt dadurch mit seiner ursprünglichen Kraft, der inneren Quelle, in Kontakt und es spürt instinktiv, dass es ein Kind Gottes ist. Die Massage vermittelt Kindern das Wissen, dass sie mit ihrem Körper Wunderbares erleben können und dass das Leben lebenswert ist! Sie finden zu sich selbst und nehmen sich besser an. Gelingt es uns, Kinder diese Erfahrung machen zu lassen, dann haben sie eine gute Vorraussetzung, ein stabiles und gesundes Leben führen zu können. Denn wer sich selber mag, fühlt sich gut, verfügt über ein starkes Immunsystem und ist aufgrund dessen weniger anfällig für Krankheiten. Wer sich selbst liebt, kann auch andere Menschen lieben und dadurch glücklich und zufrieden sein. Das »Wunder der Berührung« spiegelt sich in den Gesichtern der Kinder, die sich gegenseitig massieren. Betrachten Sie sie, werden auch Sie davon berührt sein!

Ich berühre dich und bin erstaunt,
wie berührt ich davon bin.
Ich fühle wie Glück, Liebe und Freude
zwischen uns fließen!

Käferleins Morgenspaziergang (Selbstmassage)

Diese Übung eignet sich besonders gut, um den Kindern einen Einstieg in die Massage zu ermöglichen. Indem sich die Kinder mit Tieren identifizieren, die sie kennen, wird die Selbstmassage zu einem heiteren Spiel und motiviert sie für weitere Massageübungen. Wir lernen an uns selbst, wie es sich anfühlt, den eigenen Körper zu kitzeln, zu kneten, zu zupfen und zu streicheln. Auf diese Weise entwickelt sich auch das richtige Gefühl für den sorgsamen Umgang mit dem anderen für die später folgenden Partnermassagen.

Raumgrundgestaltung

Gestaltung der Mitte: Das Bild/Foto eines oder mehrerer der unten genannten Tiere wird auf ein schönes Tuch gelegt.

Material

Eventuell Bilder von einem Marienkäfer, einem Vögelchen oder einer Katze und ein farblich dazu passendes Tuch.

Anleitung

Wir setzen uns im Kreis um unsere gestaltete Mitte, betrachten die Bilder und sprechen über die Tiere auf den Fotos.

○ »Wie heißen diese Tiere, welche Gewohnheiten haben sie, was fressen sie gerne, was habt ihr mit solchen Tieren schon erlebt?«

○ »Heute will ich euch eine schöne Geschichte erzählen. Ich will sie aber nicht allein erzählen, sondern ihr dürft mir dabei helfen! In der Geschichte kommen die Tiere vor, die ihr hier auf den Fotos sehen könnt.

Pädagogische Hinweise

□ Schulung der Sprachfertigkeit und des kognitiven Bereiches.

△ Ich ermuntere die Kinder, von eigenen Erlebnissen mit diesen Tieren zu sprechen.

△ Motivation aufrecht erhalten.

○ Sie machen in der Geschichte verschiedene Bewegungen, die ihr dann auf eurem Körper nachahmen könnt. Ich werde euch die Bewegungen immer vormachen und ihr macht sie nach.«
Die Geschichte heißt
Käferleins Morgenspaziergang:

□ Lernen durch Nachahmung.

○ Ein wirklich schöner Tag begann damit, dass die goldene Sonne über den kleinen Grashügel kletterte, auf welchem ein kleiner Marienkäfer schlief. Die Sonne warf ihre guten, hellen Strahlen über das frische Gras, das sogleich goldgrün erstrahlte. Von diesem Glanz etwas geblendet, erwachte das Käferlein.

△ Mit den Händen von unten (den Beinen) nach oben (bis zum Kopf) über den Körper streicheln. Die Augen schließen.

○ Es blinzelte ein wenig und streckte dann seine Beinchen von sich.

△ Mit den Augen blinzeln und die Beine dehnen und strecken.

○ »Ein kleiner Morgenspaziergang wird mir bestimmt gut tun!« dachte es und krabbelte vergnügt über das Gras, das sich von den kleinen Käferfüßchen zärtlich gekitzelt fühlte. Als der Marienkäfer an einem blühenden Strauch vorbeikam, hörte er einen kleinen Vogel wunderschön zwitschern, so dass er stehen blieb und seinem Gesang lauschte. Für gewöhnlich hatte der Käfer Angst, dass der Vogel vielleicht Appetit auf ein Käferfrühstück haben könnte, doch der Vogelgesang ließ ihn heute seine

△ Mit allen 10 Fingern leicht über den Körper (hier die Wiese) krabbeln.

Angst vergessen. Als das Vöglein zu singen aufgehört hatte, rief der Käfer: »Oh, wie wundervoll du singen kannst, wie schön muss es sein, ein Vögelchen zu sein, und weit über das Meer zu fliegen. Komm doch herunter zu mir und erzähle ein wenig.« Da er so freundlich eingeladen wurde, hatte der Vogel Lust, von seinen Erlebnissen zu berichten.

○ Er flog vom Strauch herab und setzte sich neben den Marienkäfer. Der Vogel dachte auch wirklich nicht im Traum daran, dem Käferchen etwas zu Leide zu tun.
»Ja, weißt du, es ist gut, ein Vogel zu sein und vieles zu erleben,

△ Die Hände Daumen an Daumen nebeneinander legen wie Flügel. Das Fliegen ahmen wir nach, indem wir die rechte Hand nach rechts und die linke Hand nach links (gleichzeitig) streichen und wieder an den Ausgangspunkt zurückkehren. So »fliegen« die Hände über unseren Körper und streicheln ihn.

○ aber ich stelle es mir ebenso gut vor, als Käfer wie du zu leben, einen Winterschlaf zu halten und im eigenen Land zu bleiben.

△ Augen wieder schließen und eine kurze Erzählpause machen.

○ Manchmal muss ich weit, weit fliegen, bis ich mich ausruhen kann.

△ Flügelbewegung wie vorher ausführen.

○ Dann, eh ich mich versehe, schleicht die Katze auf ihren leisen Samtpfoten heran, um mich zu fangen. Schnell fliege ich höher hinauf, dorthin, wo sie mich nicht greifen kann. Mein Vogelherz schlägt dann so fest, als wollte es zerspringen.

△ Beide Hände flach auf den Körper legen und mit leichtem Druck über den Körper streifen bis zum Kopf. Mit Fäusten leicht den Körper abklopfen.

○ Von hoch oben schaue ich dann zu, wie die Katze am Baumstamm ihre Krallen schärft, und bin sehr froh, ihr entkommen zu sein!
Eigentlich müsste ich die Katze für ein böses Tier halten, aber wenn ich es so recht bedenke, muss ich ja selbst das gleiche mit den Würmern tun, um zu leben!«
»Ja, ja, gewiss«, pflichtete der kleine Käfer bei, »mir geht es nicht anders mit den Blattläusen.«
»Weißt du«, so sprach das Vöglein weiter, »manchmal beneide ich die Katze fast ein wenig.

△ Die Finger als Krallen benutzen und leicht über den Körper »kratzen«.

○ Sie hat ein seidiges Fell und die Menschen streicheln und kraulen sie gerne. Das ist gewiss sehr schön!«

△ Mit den Händen den Körper streicheln und kraulen (an all den Stellen, an denen es besonders gut tut).

○ So saßen der Käfer und der Vogel eine Weile nachdenklich im Gras und ließen sich von den Sonnenstrahlen wärmen.

△ Hände an einer Körperstelle ruhig liegen lassen und die Wärme der Hände spüren.

○ »Kinder, welches von den drei Tieren möchtet ihr am liebsten sein?«
»Nun dürft ihr das Tier nachahmen, das ihr am liebsten sein möchtet, ihr könnt euch dabei im Raum bewegen.«

△ Kinder erzählen lassen, weshalb sie am liebsten ein Käfer, ein Vogel oder eine Katze wären.

○ Entweder sammeln sich alle zum Schluss und ruhen sich aus (stellen sich schlafend), oder wir fliegen und laufen vergnügt ins Freie.

△ Je nachdem, ob Sie die Kinder danach in eine ruhige Spielphase entlassen wollen oder ob Sie ins Freie gehen, können Sie die »Tiere« zum Abschluss einschlafen lassen oder in die Bewegung nach draußen entlassen.

Meine kleinen Finger
wollen heut spazieren gehn,
sie kitzeln meine Füße,
ja, das find ich schön.

Meine kleinen Finger,
stell dir einmal vor,
krabbeln immer weiter,
krabbeln mir ins Ohr!

Ja, meine kleinen Finger,
die woll'n so gerne sein,
ein kleines, rotes, süßes
Käferkindelein!

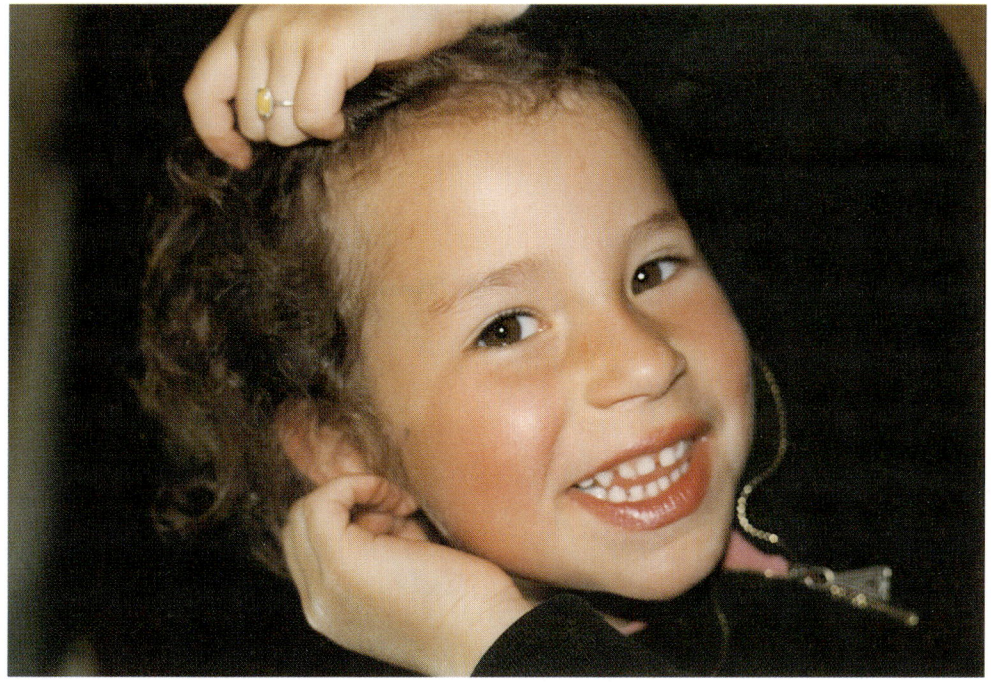

Anmerkung

Diese Übung kann ebenso wie die nachfolgenden Übungsvorschläge später auch als Partnermassage durchgeführt werden. Dabei bleiben Sie der Erzähler, und ein Kind führt die Massagebewegung an einem anderen Kind durch. Da Kinder Wiederholungen lieben, können Sie problemlos die Geschichte ein zweites Mal erzählen, so dass ein Partnerwechsel stattfinden kann.

Weiterführungsmöglichkeiten

○ Wir können die Kinder fragen, welche Tiere sie kennen und wie wir diese auf unserem Körper darstellen könnten.

○ Gerne erzähle ich von den »Körperzwergen«. Sie wohnen in den verschiedenen Körperteilen und klettern dort herum (die Finger stellen die Zwerge dar). Die Zwerge besuchen sich oft: so z.B. die Ohrenzwerge die Zehenzwerge. Manchmal schleichen die Zwerge, manchmal hüpfen sie oder rutschen den Körper hinunter. Manchmal werden sie so müde, dass sie sich einfach hinlegen und ein wenig schlafen (Hände ruhig auf dem Körper ruhen lassen).

○ Eine kurze Übung für kleinere Kinder: Wir sind die Meereswellen. Die Hände auf und ab über den Körper streichen. Dazu Meeresrauschen von einer Musikkassette hören oder mit der Ozeantrommel spielen.

○ Auch das Wetter lässt sich auf dem Körper darstellen, z.B.:

Die Sonnenstrahlen:	*wir streichen mit den Händen sanft über den Körper.*
Der Donner:	*wir klopfen leicht mit den Fäusten.*
Der Wind:	*wir wackeln ein Bein mithilfe einer Hand.*
Der Regen:	*unsere Fingerkuppen klopfen leicht auf den Körper.*
Der Hagel:	*wir klopfen mit den Fingern fest auf den Körper.*

Vorbereitungsspiel zu den Partner-Massageübungen

»Wie nah darf ich kommen?«

Bei diesem Spiel kann jedes Kind frei entscheiden, wie nah es den anderen an sich heranlässt. Es soll die Möglichkeit erhalten, auch NEIN sagen zu lernen. Abgrenzung kann für Kinder ein Schutz sein. Sie lernen, ihren eigenen Raum, den sie brauchen, zu verteidigen. Eine solche Übung kann auch zur Prävention vor sexuellen Übergriffen beitragen. Kindern kann geholfen werden, sich selbst zu schützen, indem wir sie stark machen, ohne sie körperfeindlich zu erziehen.

Im Allgemeinen gilt, dass wir niemals ein Kind überreden sollten, an einem Massageangebot teilzunehmen, wenn es nicht möchte! Vielmehr sollten Sie Möglichkeiten schaffen, bei denen die Kinder zusehen können, wie die anderen Kinder sich »verwöhnen« (z.B. indem Sie eine Verwöhnecke im Gruppenzimmer einrichten).

Manchmal kommt es vor, dass gerade Kinder, von denen wir annehmen, dass ihnen eine sanfte Berührung gut tun würde, nicht teilnehmen möchten. In meiner Gruppe hatte ich einmal einen kleinen Jungen (M.). Er zeigte ein sehr aggressives Verhalten. In seiner Familie waren Schläge häufiger an der Tagesordnung als Streicheleinheiten. Ich glaube, dass er dem Frieden bei der Massage nicht traute und darum nicht mitmachen wollte. Später richteten wir eine Verwöhnecke im Gruppenzimmer ein. Weiche Kissen, Creme, Fellchen und kleine Bälle waren dort zu finden. Viele Kinder waren eifrig bei der Sache. M. beobachtete das Geschehen in der Verwöhnecke sehr genau. Plötzlich rempelte er seinen Freund an mit den Worten: »He, gehn wir auch mal da rein?« Als dieser verneinte, war M. sichtlich geplagt von seinem Wunsch, in die Ecke zu gehen. Zugleich hatte er Angst, sich schwach zu geben und verletzlich zu sein. Er hüpfte von einem Bein aufs andere, bis er plötzlich losrannte, in die Ecke stürmte und schrie: »Ich will auch mal!« Da die Mädchen das lustig fanden, durfte er sich sofort hinlegen und wurde königlich verwöhnt! Während der Behandlung gab er einige Male recht laute Befehle, um klarzustellen, dass er keineswegs schwach sei. Dabei genoss er jedoch jede Berührung und erfuhr zum ersten Mal von der Gruppe derart positive Zuwendung. Auch wurde er zum ersten Mal auf diese Weise integriert. Dies war eine meiner Sternstunden als Erzieherin, und ich wünsche Ihnen, dass auch Sie viele schöne Momente mit den Kindern durch Massage erleben dürfen.

Das Vorbereitungsspiel verschafft Ihnen schon einen Überblick, welche Kinder sich gerne berühren lassen und welche mehr Zeit brauchen, um sich dafür zu öffnen.

Manchmal bist du viel zu weit weg,
und ich sehne mich nach deiner warmen Hand.
Ich sage: »Komm doch her zu mir
und streichle mich. «
Und manchmal, da bist du zu nah,
du merkst nicht,
dass es mir zu eng wird!
Ich sage: » Geh ein wenig weg von mir,
ich brauche mehr Platz für mich! «

Raumgrundgestaltung

Ein Raum, der Bewegungsmöglichkeit zulässt.

Material

Feder, Tuch oder Fellchen.

Gruppenstärke

Teilgruppe von sechs bis acht Kindern.

Anleitung	Pädagogische Hinweise
Zwei Kinder stehen sich in einigen Metern Entfernung gegenüber. Ein Kind (A) hält eine Feder in der Hand und fragt das Kind (B): »Wie nah darf ich kommen?«	
○ B antwortet z.B. »Zwei Schritte.«	☐ Selbstbestimmung schulen.
○ A fragt wieder: »Wie nah darf ich kommen?« B antwortet z.B.: »Drei Zehenspitzen weit ...«	☐ Nähe und Distanz bewusst wahrnehmen und damit umgehen lernen.
Das Spiel endet entweder damit, dass B sagen darf: »Nicht mehr weiter.« Oder A ist nun so nahe, dass es B mit der Feder berühren kann.	
○ Jetzt fragt A: »Darf ich dich mit meiner Feder streicheln?« B antwortet: »Ja/Nein«. Bei Ja gibt es an, wo es gestreichelt werden darf.	☐ Nein-sagen und Ja-sagen üben (wann meine ich nein und wann meine ich ja). △ Rollenwechsel

Orangenmassage (Ballmassage)

Die Orange macht uns gute Laune – sie ist so schön rund, ihre Farbe macht uns fröhlich und ihr Duft entführt uns ins Reich der Sinne...
Sie eignet sich besonders gut, um die Partnermassage kennenzulernen. Sie lässt Nähe entstehen, ohne dass sich die Partner zu nahe kommen, weil sie sich zwischen ihnen befindet und beide doch miteinander verbindet. Vertrauen kann entstehen und dadurch auch Entspannung. Gerade mit Kindern ist es wunderschön, die Orange bei der Massage einzusetzen, da sie Seh-, Geruchs- und Tastsinn anspricht. Heitere Gelassenheit breitet sich in der Gruppe aus – die beste Stimmung, um Gutes zu tun und selbst Gutes zu erfahren.

Raumgrundgestaltung

Gestaltung der Mitte: Eine Schale mit Orangen; eine Duftlampe mit Orangenduft (nach der Aromatherapie stärkt Orangenduft unsere Selbstannahme und somit unser ganzes Wesen).

Material

Pro Kind eine gewaschene Orange; ein Tafelmesser, ein kleiner Teller.
Eventuell Meditationsmusik als Hintergrund, z.B. Kobialka: *Path of Joy*.

Gruppenstärke

Sechs bis acht Kinder.

Anleitung	Pädagogische Hinweise

Alle Kinder ziehen die Schuhe aus, bevor sie den Raum betreten. Alle nehmen auf einem Kissen Platz.

○ »Wir schauen uns die Orangen an. Kinder, was glaubt ihr, werden wir heute mit diesen schönen Orangen tun?« »Ob wir sie essen werden?«

△ Einstieg in die Übung.

○ »Wir wollen sie erst einmal ganz genau betrachten, jeder darf sich eine Orange nehmen, daran riechen und sie betasten.«

△ Sinnesschulung.

○ »An was erinnert euch so eine Orange? Vielleicht an eine Kugel oder einen Ball? Was kann man mit einer Kugel tun? Wir können sie rollen. Wir können auch unsere Orange vorsichtig rollen, und zwar auf dem Körper!«

☐ Schulung des kognitiven Bereiches.

»Jedes Kind darf einmal versuchen, die Orange auf seinem eigenen Körper zu rollen«.

☐ Körperempfinden schulen.

○ »Dazu setzen wir uns auf den Boden und strecken unsere Beine von uns.

☐ Anweisungen hören und umsetzen lernen.

○ Wir rollen nun die Orange auf unseren Beinen hin und her und achten darauf, dass uns die Orange möglichst nicht herunterfällt.«

△ Zeit zum Ausprobieren lassen.

○ »Wie fühlt es sich auf euren Beinen an, wenn ihr die Orange darauf rollt?«

☐ Sprachvermögen fördern; Empfindungen in Worte fassen lernen.

»Jetzt haben wir schon etwas geübt, so dass wir versuchen können, mit einem Freund oder einer Freundin weiterzumachen.

»Wir wollen lernen, wie wir einen anderen wunderbar mit einer Orange massieren können. Schaut einmal gut zu. Ich will es euch mit einem Kind vormachen.«

○ Ein Kind legt sich auf den Bauch und ich setze mich daneben. Langsam beginne ich auf dem Rücken die Orange auf und ab zu rollen. Ich rolle weiter über die Beine bis zu den Füßen. Dann rolle ich die Orange wieder über die Beine nach oben zum Rücken zurück. Danach rolle ich sie über beide Arme.

»So wie ich es euch vorgemacht habe, könnt ihr es mit einem Freund oder einer Freundin auch tun. Ihr dürft euch einen Platz auf dem Teppich aussuchen. Ein Kind legt sich zuerst auf den Bauch. Nun darf das andere Kind mit der Orangenmassage beginnen.«

□ Lernen durch Nachahmung.

○ »Geht bitte ganz behutsam mit dem anderen Kind um.«

□ Verantwortungsbewusstsein entwickeln.

△ Ca. fünf Minuten massiert nun jedes Kind das andere. Ruhige Musik begleitet die Übung.

○ »Nun könnt ihr euch erzählen, wie es euch gefallen hat, den anderen zu massieren oder selbst massiert zu werden.«

△ Kommunikation fördern.

○ »Jetzt darf sich das andere Kind hinlegen, um massiert zu werden.«

□ Aufforderung nachkommen lernen.

△ Ca. fünf Minuten Zeit geben. Wenn die Kinder zeigen, dass sie weitermachen können, geben sie ihnen die Zeit dazu.

○ »Ganz ruhig und langsam wollen wir die Orange rollen und dem anderen damit etwas Gutes tun!«

□ Sensibilität wecken.

○ »Nun setzen wir uns noch einmal zusammen und schauen uns an. Können wir sehen, ob es dem anderen gut getan hat? Woran können wir es erkennen?«

□ Gesichts- und Körpersignale sehen lernen.

○ »Wer möchte noch etwas erzählen?«

△ Möglichkeit zur Äußerung geben!

○ »Zum Abschluss können wir zusammen eine Orange essen. Ich will sie wie eine schöne Blüte für euch zubereiten.
Schaut genau zu. Ich schneide die Schale wie Blätter ein und öffne sie. Dann wird das Fruchtfleisch vorsichtig voneinander getrennt, so dass eine › Lotusblüte‹ entsteht.«

□ Förderung des ästhetischen Sinnes.

○ »Wir wollen dafür danken, dass wir so etwas Schönes gemeinsam erleben dürfen.«

□ Das Gefühl für Dankbarkeit wecken.

○ »Wir betrachten still die Blüte!«

△ Kurze Stillephase.

Jedes Kind darf sich nun ein Blütenorangenblatt herausnehmen und essen.

Weiterführungsmöglichkeiten

○ Mit den restlichen Orangen können wir einen Obstsalat zubereiten. Die Orangen dazu halbieren und das Fruchtfleisch mit dem Löffel herausholen. Dadurch erhalten wir kleine Schalen, in denen der Obstsalat serviert wird. Oder aber wir verwenden sie, um Teelichter hineinzustellen und einen kleinen Lichtertanz (siehe hierzu das Kapitel Kreative Bewegung) damit aufzuführen!

○ Massage mit kleinen Bällen wiederholen und dazu ein einfaches Lied singen:

Rolle, rolle, rolle
roter Ball, blauer Ball
rolle überall.

Diese Variante ist nett und macht Spaß, wenn die Kinder schon geübt sind.

○ Hin und wieder erzähle ich zur Orangenmassage auch eine kleine Geschichte. Zum Beispiel:

Der kleine Orangenkern

Es war einmal ein winzig kleiner Orangenkern. Der wollte so gerne wachsen, lag aber in der Erde und wusste gar nicht, wie er es anstellen sollte, groß zu werden.
Eines Tages aber, da hörte er eine Stimme, die sprach zu ihm: »Kleiner Kern, ich will dir helfen zu wachsen. Die Zeit ist nun reif dazu. Ich bin Mutter Erde, in der du wohnst,

und die dir Kraft gibt! Trinke den Regen, der bald kommen wird!«

Und als der Regen kam und in den Boden sickerte, trank der Kern so viel er nur konnte. Jetzt war er prall und dick. Oberhalb der Erde schien nun die Sonne und wärmte den Boden. So kam die Wärme auch bis zu unserem Kern. Wohlig war es ihm zumute. Da, plötzlich knackte es ein wenig und es spitzte ein kleiner Keim hervor. Der reckte und streckte sich, bis er aus der Erde herauswuchs. Wie staunte der kleine Kern, als er sich plötzlich so verwandelt sah. Er war ein kleines Pflänzchen geworden und spürte die Sonne auf sich scheinen. Von diesem Tag an wuchs er besonders schnell – er wollte ja immer noch größer werden (hier beginnt die Massage an den Füßen). Jeden Tag wuchs er (wir rollen die Orange über die Beine, den Rücken, die Arme. Der Körper stellt nun den wachsenden Baum dar). Das Bäumchen wurde stark und groß (Rücken massieren), es wuchsen ihm Äste (Arme massieren) und es freute sich darüber. Es bekam Blüten und eines Tages hing sogar die erste Orange an seinem Ast (Orange in die Hand des Kindes legen. Ende der Massage und Rollenwechsel).

Meistens wollen die Kinder die Geschichte noch einmal hören. Wir können sie gemeinsam erzählen, während das andere Kind massiert wird, oder einfach still mit Musik massieren.

Wir hängen ein schönes Bild von einem Orangenbaum in unser Zimmer, damit es uns daran erinnert, uns Gutes zu tun.

Rund und orange bist du
und ganz kugelig.
Dein Duft verbreitet sich auf mir
– Orange –
rolle, rolle, rolle,
dann bin ich froh!

Partner-Handmassage

Unsere Hände – was haben sie alles zu tun! Unzählige Funktionen erfüllen sie, ohne dass wir es bewusst wahrnehmen. Wie schwer wäre ein Leben ohne Hände – und doch beachten wir sie so wenig. Wir nehmen sie als selbstverständlich hin, ohne groß darüber nachzudenken. Folgende Übung soll in den Kindern Bewusstsein schaffen für unsere wunderbaren Hände. Mit ihr wollen wir uns bei diesen zwei fleißigen Gesellen bedanken.

Material

Korb mit Fellchen; Watte; rauer Putzschwamm; feines Schmirgelpapier; Massagecreme. Für jedes Kind ein Fellchen oder einen Wattebausch. Beides dürfen die Kinder später mit nach Hause nehmen.

Gruppenstärke

Teilgruppe mit sechs Kindern.

Anleitung

○ »Jedes Kind darf in den zugedeckten Korb greifen und fühlen, was darin sein könnte.«
Wir stellen fest, dass sich raue und weiche Dinge im Korb befinden.

○ »Womit ist es schön, gestreichelt zu werden?«
Die Kinder dürfen sich entweder ein Fellchen oder einen Wattebausch aussuchen und später mit nach Hause nehmen.
Jedes Kind sucht sich nun einen Freund oder eine Freundin. Beide setzen sich gemeinsam auf eine Decke. Wir überlegen, womit man sonst noch streicheln kann, bis wir unsere Hände erwähnen.

Pädagogische Hinweise

☐ Schulung des Tastsinns.

☐ Wahrnehmung schulen.
△ Regen Sie an, die Massage auch zu Hause auszuprobieren.

○ »Ich zeige euch, wie ihr den Freund oder die Freundin mit euren Händen massieren könnt, nachdem ihr ihn bzw. sie mit dem Fellchen (Wattebausch) gestreichelt habt.«

☐ Unterweisung sehen und verstehen lernen.

△ Die Hände erst ein wenig eincremen.

○ Wir nehmen die Hand des Kindes und legen sie in unsere Hand. So, als wäre sie unser Baby, das wir ein wenig schaukeln wollen. Mit unserer anderen Hand decken wir das »Baby« zu. Wir wärmen es und schaukeln es sanft hin und her.
Dann beginnt unsere obenauf liegende Hand die Hand des anderen leicht zu streicheln. Mit den Fingerspitzen machen wir kleine Kreise auf dem Handrücken.

☐ Vertrauen wachsen lassen.

○ Wir kneten die einzelnen Finger mit sanftem Druck zwischen Daumen und Zeigefinger. Dann zupfen wir die Häutchen zwischen den Fingern. Wir lassen unsere Finger wie kleine Käfer auf der Hand herumlaufen. Dann drehen wir die Hand um, so dass wir auch die andere Seite massieren können. Zum Schluss halten wir die Hand wieder zwischen beiden Händen und sind noch ein wenig still.

☐ Regt das Lymphsystem an.

○ »Wenn wir die zweite Hand unseres Freundes massiert haben, setzen wir uns still neben ihn und spüren unsere eigenen Hände.«

△ Wechsel zur anderen Hand.

☐ Beide Körperseiten entspannen. Die Kinder, die massiert haben, spüren ihrem eigenen Tun nach.

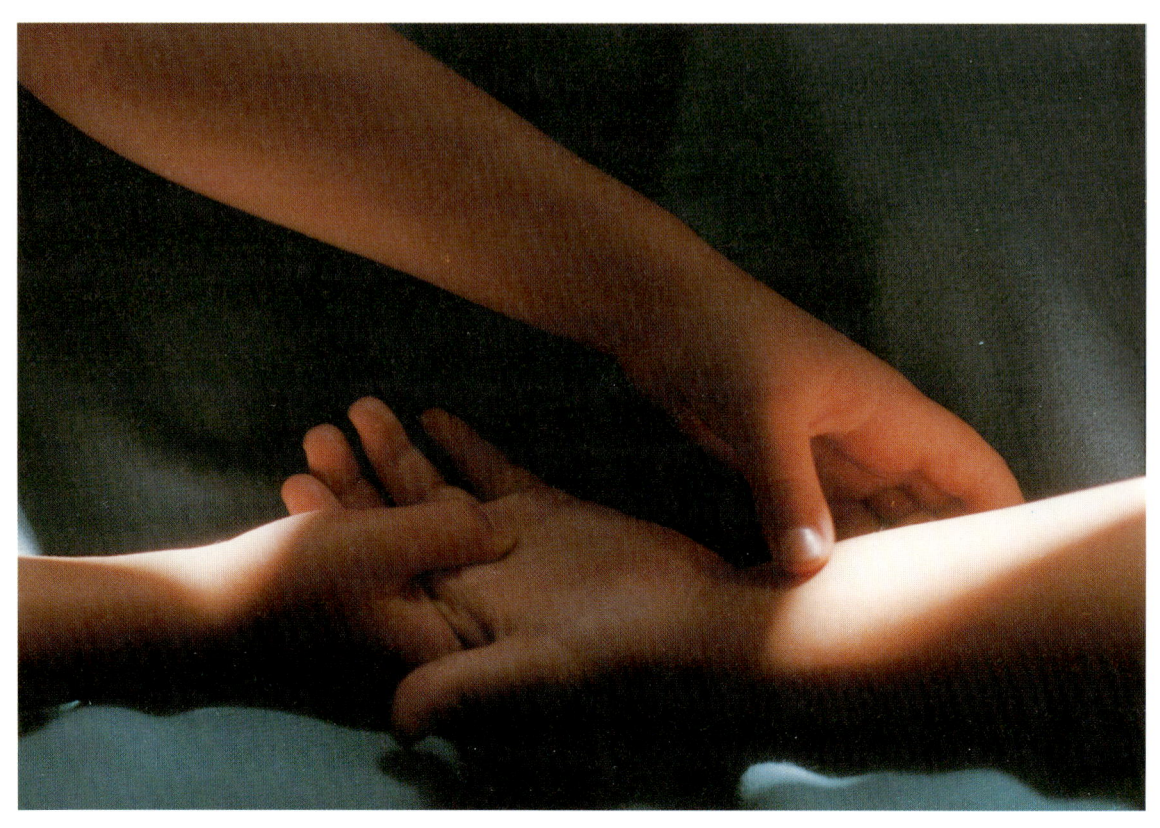

Hände haben viel zu tun,
niemals ruhn, niemals ruhn,
kräftig kneten, viel zu spüren
und im Kochtopf umzurühren,
spielen, spielen, nochmal spielen!

Hände haben viel zu tun,
doch nun lass sie auch mal ruhn.

Leg deine Hand die kleine,
in meine Hand die feine.
Ganz sanft lass sie mich wiegen
und ruhig an deinem Herzen liegen!

○ Nun kommt das andere Kind an die Reihe.

○ Wir rufen die Kinder mit dem Klang eines Glöckchens oder einer Klangschale in die Realität zurück.

Alle Kinder recken und strecken sich tüchtig. Wir setzen uns alle im Kreis zusammen und berichten von unserem Erlebnis.

»Wir reichen uns alle nochmal die Hände, so dass wir uns verbunden fühlen mit der ganzen Gruppe, wir spüren, dass wir zusammengehören!«

Wir fühlen, wie weich unsere Hände sind.

△ Ca. fünf Minuten pro Hand massieren lassen.

☐ Alle Kinder werden wieder ganz in den äußeren Raum zurückgeführt.

Weiterführungsmöglichkeiten

○ Erfinden Sie eine Bewegungsgeschichte, in der die Kinder alles darstellen, was Sie erzählen. Im Winter z.B.: Alle Kinder sind beim Skifahren, machen eine Schneeballschlacht oder klettern auf einen Schneeberg, bis sie merken, dass sie fürchterlich an den Händen frieren. Schnell laufen alle Kinder heim. Die Mama massiert ihnen die Hände, bis sie wieder warm sind.

○ Eine interessante Erfahrung können Sie mit den Kindern machen, wenn sich alle die Hände verbinden und so tun, als ob sie keine Hände hätten! Die Kinder merken nicht nur, wie schwierig alles ohne Hände ist, sie bekommen dann auch Achtung vor Menschen, die ein solches Schicksal haben. Sie haben Mitgefühl mit ihnen und entwickeln Verständnis für sie.

○ Handgestenspiel als kleine Handmassage: Zwei Kinder sitzen sich gegenüber. Ein Kind nimmt die Hand eines anderen und legt sie auf seine Hand. Die andere Hand stellt einen kleinen Elefanten dar. Er läuft beim anderen Kind von Finger zu Finger (siehe nächste Seite).

125

Ein kleiner Elefant,
der lief von Land zu Land,
bis er eine Wiese fand
(Handteller)!

Dort fraß er alles Gras
(Zeigefinger ist jetzt der Rüssel)
nam, nam, nam, wie schmeckt ihm das!

Weil er nun müde war, legte er sich hin und schnarchte,
bis alles zu zittern anfing
(Hand zwischen beide Hände nehmen und leicht wackeln)!
Da wachte er auf und gähnte ganz laut »uuuuhhhaaa!«
(Hand umdrehen)
Und weil er durstig war,
lief er wieder von Land zu Land,
bis er eine Quelle fand,
(Zeigefinger ist Rüssel)
dort trank er Wasser.
Eins (Sch,sch,sch) Zwei (Sch,sch,sch) Drei,
und die Geschichte ist vorbei.

Partner-Fußmassage

Wann beachten Sie für gewöhnlich Ihre Füße? Vielleicht, wenn sie schmerzen oder zu kalt sind. Zugegeben – sie sind einfach am weitesten von unserem Kopf entfernt; darum können sie leicht in Vergessenheit geraten. Doch das ist sehr schade, denn unsere Füße sind kleine Wunderwerke. Man bedenke nur, wie klein sie sind und welch großen Körper sie durchs Leben tragen! Oder wie viele Krankheiten positiv beeinflusst werden können mithilfe der Fußreflexzonenmassage. Selbst wenn wir diese Technik nicht beherrschen, können wir mittels Fußmassage äußerst wohltuende Wirkung auf Körper, Geist und Seele ausüben. Kindern macht es besonderen Spaß, Wasser und Schaum bei der Massage zu verwenden. Das warme Wasser verstärkt den Effekt der Entspannung – machen Sie doch einfach mit!

Raumgrundgestaltung

Der Boden des Raumes sollte wasserunempfindlich sein. Gestaltung der Mitte: Die Wasserschüsseln stehen hübsch arrangiert in der Mitte. Sie können einige Blütenblätter darauf schwimmen lassen und dem Wasser einen besonderen Duft geben, indem Sie ein ätherisches Öl hinzufügen (z.B. Rosengeranie).

Material

Für jedes Paar eine Schüssel mit warmem Wasser (halbvoll); Blütenblätter; Duftessenzen z.B. Rosengeranie; ein Handtuch; ein Teller mit Seife (Vorsicht bei Hautallergikern – vorher mit den Eltern absprechen); eine Creme; ein Kinderstuhl.

Gruppenstärke

Maximal acht Kinder.

Füße,
wie seid ihr schön,
das ganze Leben kann ich mit Euch gehn!
Ihr zeigt mir den Wald und den Fluss.
Alles kann ich sehn,
und wenn ich dann mal ausruhn muss,
bleibt ihr ganz einfach stehn!

128

Anleitung	Pädagogische Hinweise

Alle Kinder setzen sich auf ein Kissen. Sie werden sicherlich sofort fragen, wozu wir die Wasserschüsseln brauchen. »Ihr dürft raten, wozu wir die Schüsseln mit dem Wasser benutzen wollen«.

○ Meistens sagen die Kinder »zum Händewaschen«. »Waschen stimmt, aber wir wollen nicht die Hände waschen – was könnten wir noch waschen?«
Ich warte bis das Wort »Füße« fällt. »Genau, die Füße wollen wir waschen, aber auf ganz besondere Art. Wir wollen sie uns nicht selber waschen, sondern waschen lassen! Heute wollen wir Prinz und Prinzessin sein, wie im Märchen!
Prinzen und Prinzessinen brauchten sich früher meistens nicht selbst zu waschen – dafür gab es einen Diener oder eine Zofe.
So, wie in der Geschichte, die ich euch jetzt erzähle:

△ Spannung steigern (Motivation wecken).

Prinzesschens Traum

Es war einmal eine Königsfamilie, die in einem Schloss wohnte, das zwar nicht das größte, jedoch das schönste von allen Schlössern war! Wisst ihr weshalb? Weil darin nur glückliche Menschen wohnten – und das kam so: Viele Jahre zuvor lebte man dort wie in jedem anderen Schloss und keiner sagte, dass es ein besonderes Schloss wäre. Es wohnten dort der König, die Königin, Prinz, Prinzessin und Prinzesschen. Aber die meisten Menschen, die dort lebten und arbeiteten, waren die vielen, vielen Diener und Zofen der Königsfamilie. Der Königsfamilie ging es außerordentlich gut, sie besaßen alle nur erdenklichen Reichtümer – Gold, Silber, Schmuck und Edelsteine. König, Königin, Prinz und Prinzessin erfreuten sich daran. Nur dem kleinen Prinzesschen war dies einerlei, es machte sich nicht viel daraus. Dafür liebte es den Schlosspark mit den vielen wunderschönen Blumen und Bäumen. Ganz besonders liebte es aber all die kleinen Tiere, die darin wohnten. So verbrachte es die meiste Zeit damit, im Park zu spielen.

Der Rest der Königsfamilie regierte das Land, damit alles seine Ordnung hatte. Außerdem ließen sie sich sehr gerne köstliche Speisen auftischen. Wenn sich die Königin etwas Besonderes zu essen wünschte, liefen die Diener sogleich los, um es zu besorgen. Der Koch zauberte sofort ein leckeres Gericht, der Hausdiener servierte und entfernte danach das Geschirr, das die Küchenmagd dann abwaschen musste.

Wenn der Prinz und die Prinzessin ein schönes, warmes Bad nehmen wollten, kamen die Diener und die Zofen und bereiteten alles vor. Die Badewanne musste mit warmem Wasser gefüllt werden. Duftendes Blütenwasser und Rosenblätter wurden dazugegeben. Dann wurden die Herrschaften entkleidet und sie stiegen in das wundervolle Badewasser. Der Höhepunkt eines solchen Bades war aber, dass Prinz und Prinzessin nun in einen Mantel aus Seifenschaum gehüllt wurden und dabei so lange von den Dienern und Zofen massiert wurden, wie sie es wünschten. Viele, viele Jahre vergingen so.

Doch eines Tages sagten die Diener und Zofen: »Wir haben keine Lust mehr zu dienen, wir sind es leid. Soll doch die Königsfamilie selber kochen, putzen, gärtnern und vor allem sollen sie sich doch selber waschen und massieren! Uns massiert ja auch niemand die schmerzenden Füße! Lieber bauen wir Kartoffeln und Gemüse an, als noch länger hierzubleiben.« So kam es dann auch, alle Diener und Zofen verließen das Schloss.

Die Königsfamilie staunte nicht schlecht, als sie ohne Diener waren. Nun bemerkten sie erst, wie viel ihre Diener gearbeitet hatten! »Wir brauchen dringend neue Diener!«, schimpfte der König. »Sofort schicken wir unsere Boten aus!«, sagte die Königin. »Wir haben keine Boten mehr!«, sagte der Prinz. »Oh!«, sagte die Prinzessin.

Prinzesschen aber lachte, sie lachte und lachte! »Mein Papa, Herr König – du würdest mir sehr gut als Gärtner gefallen! Meine Frau Königin, meine Mama – ich würde den Kuchenduft in deinem Haar lieben! Brüderchen und Schwesterchen, wir wollen die Kleider im Wassertrog mit viel Seifenschaum waschen!«

Da lachte die Königsfamilie, und weil es eben keine Diener gab, so taten sie, wie Prinzesschen gesagt hatte.

Doch schon bald waren alle sehr, sehr müde. Das Schloss war ja so groß und die Mühe zu viel. Das Dümmste war, dass sie nach all der Arbeit auch keine Lust und Kraft mehr hatten, sich ein gemütliches Bad zuzubereiten. Damals musste das Badewasser ja noch Topf für Topf auf dem Herd erhitzt und dann mühevoll zur Wanne getragen werden. Oh je, die Königsfamilie wusste sich keinen Rat!

»Ich hatte einen Traum«, sprach das Prinzesschen! Einen guten Traum! Ich sah, wie wir alle unsere früheren Diener besuchten. Wir fuhren mit unserer Kutsche übers Land und hatten eine große Schüssel und duftende Seife dabei. Wir suchten überall nach unseren Leuten. Als wir sie fanden, baten wir sie um einen Topf warmes Wasser, das wir in die Schüssel füllten, und führten unsere Diener und Zofen zu ihr. Wir ließen sie niedersitzen und wuschen ihre Füße mit der duftenden Seife.«

Prinzesschen klatschte vor Freude in die Hände. »Was für ein schöner Traum!« Der König und die Königin aber hatten Tränen in den Augen. »Was für ein guter Traum! Wir wollen es versuchen und unsere Diener und Zofen suchen!«

So taten sie es auch und sie fanden alle wieder. Jeder Diener und jede Zofe, der sie die Füße so liebevoll wuschen, wollte wieder mit zum Schloss kommen und der Königsfamilie helfen.

»Wir wollen euch wieder dienen, weil ihr bewiesen habt, dass ihr eine gute Königsfamilie seid und uns achtet. Ihr sollt dafür sorgen, dass alles in diesem Lande in Ordnung ist und wir wollen dafür sorgen, dass es euch gut geht!« So sprachen die Diener und Zofen.

»Darüber wären wir sehr erfreut«, sprach der König. »Damit wir aber niemals vergessen, dass wir uns gegenseitig brauchen, wollen wir euch einmal im Jahr bedienen!«

»Der König und der Prinz müssen das Wasser wärmen und tragen, ich, die Königin und die Prinzessin waschen euch dann die Füße darin!«, so sprach die Königin. »Und ich – ich streue die Rosenblätter hinein!«, so rief das Prinzesschen. Und – so geschah es auch! Darum waren alle Menschen, die von nun an in diesem Schloss wohnten, gleich ob König oder Diener, glücklich. Dort, wo glückliche Menschen leben, ist es schön – darum war dieses Schloss das Schönste von allen Schlössern!

○ »Wir können nun selber Prinz und Prinzessin oder Diener sein. So wie in unserer Geschichte, wollen wir uns gegenseitig bedienen.

△ Information und Anregung geben.

○ Jeder sucht sich ein anderes Kind, mit dem er zusammen das Füßewaschspiel machen möchte.«

□ Sozialverhalten stärken.

○ »Ihr bekommt eine Schale mit Duftwasser, dazu ein Handtuch mit einer schönen Seife.«

△ Kinder lieben besonders geformte Seifenstücke (z.B. Blumen, Herzen, Sterne). Sie können aber auch mildes Shampoo benützen, das besser schäumt.

○ Das Kind, das zuerst die Füße gewaschen bekommt, zieht zuerst die Socken aus und setzt sich auf einen Stuhl. Wir stellen die Wasserschale davor. Je nach Größe der Schalen kann das Kind einen oder beide Füße in die Schüssel stellen.

○ Das andere Kind darf dann die Füße einseifen und massieren und nach Beendigung der Seifenmassage die Füße abtrocknen.
»Jetzt wollen wir uns nochmal im Kreis zusammensetzen und unsere schönen Füße aneinanderkuscheln, sie ein wenig aneinander reiben, so als wollten sie sich bedanken.«

□ Sinneswahrnehmung schulen.

△ Partnerwechsel.

△ Bei dieser Massage wird es schwierig, Stille herzustellen, hier stehen Spaß, Berührung und Schaumerlebnis im Vordergrund!

Weiterführungsmöglichkeiten

○ Wir können einen Fußabdruck von jedem Kind in Gips vornehmen (Gips in einen Teller füllen und etwas anziehen lassen, einen Fuß in den Gips stellen und vorsichtig wieder herausnehmen).

○ Richtig Spaß macht: Tau treten (nach Kneipp) am Morgen.

○ Wir machen bunte Fußspuren auf Papier (oder direkt auf die Straße, wenn möglich). Lange Bahnen von Zeitungsmakulatur auslegen, die Kinder steigen in Fingermalfarbe und gehen über das Papier (gut im Freien zu machen).

○ Ein kleines Fußspiel als Fußmassage:

»Eins, zwei, drei, vier, fünf

wir machen für die/den .... Strümpf«

Wir zupfen leicht an den Zehen.

Wir machen Bewegungen auf der Fußsohle und dem Fußrücken.

Ruckel-Zuckel-Eisenbahn (Schüttelmassage)

Ruckel-Zuckel-Eisenbahn ist eine Schüttelmassage heiteren Charakters. Lachen entspannt!
Aber nicht nur aus diesem Grund tut diese Übung gut, nebenbei werden Arm-, Hand- und Beingelenke gelockert, so dass der Energiefluss im Körper angeregt und verstärkt wird. Gerade bei dieser Methode wird deutlich, dass Massage keine ernste Angelegenheit ist, sondern ein spielerischer Umgang mit dem eigenen Körper und dem Körper des anderen. Sie lässt Leichtigkeit und Freude entstehen. Kommen Sie mit auf unseren Ruckel-Zuckel-Eisenbahnausflug!

Raumgrundgestaltung

Wir stellen als Lok einen großen Stuhl an den Anfang des Zuges. Dann werden paarweise zueinander stehend die kleinen Stühle dahinter gestellt. Lassen Sie zwischen den kleinen Stühlen eine größere Lücke, damit dahinter jeweils noch ein Kind stehen kann.

Material

Foto einer alten Dampflokomotive oder andere Zugbilder; eine Trillerpfeife, eventuell eine Schaffnermütze, Fahrkarten aus Tonpapier, Locher als Fahrkartenknipser, ein Tablett mit kleinen Cräckern und für jedes Kind ein Schnapsglas, das mit Saft gefüllt ist.

Gruppenstärke

Acht bis zehn Kinder.

Anleitung	Pädagogische Hinweise

○ Die Kinder dürfen raten, was die Stühle darstellen sollen. Wenn der Zug erraten ist, frage ich, wer schon einmal eine Reise mit der Eisenbahn unternommen hat. Da einige Kinder dieses Erlebnis noch nicht hatten,

☐ Motivation wecken.

○ wollen wir uns Bilder von Zügen anschauen. Ich zeige den Kindern auch das Foto einer alten Lok.
Wir erzählen uns von den Erlebnissen in der Eisenbahn.

☐ Visuellen Sinn fördern.

○ »Wie bewegt sich so ein Zug? Er fährt auf Schienen und ruckelt bei der Fahrt, viele Kinder haben das schon einmal erlebt.«

☐ Kognitiven Bereich schulen.

○ »Wir wollen heute zusammen ein Spiel spielen. Es heißt › Ruckel-Zuckel-Eisenbahn‹. Jedes Kind erhält dazu eine Fahrkarte. Es dürfen sich immer vier Kinder in Fahrtrichtung auf die Stühle setzen, die anderen Kinder stehen hinter den sitzenden Kindern – sie dürfen die › Ruckel-Zuckel-Eisenbahn-Bewegung‹ machen. Wohin wollen wir fahren, vielleicht nach Italien?«

☐ Anweisung verstehen und umsetzen lernen.

○ »Als erstes legen die stehenden Kinder ihre Hände auf die Schultern der sitzenden Kinder.« Ich spiele den Schaffner:

☐ Tastsinn schulen, Körperbewusstsein fördern.

Fahre, kleine Eisenbahn,
damit mein Körper wackeln kann.
Arme, Beine, Kopf,
dazu mein blonder Schopf,
werden hin und her geruckelt,
weil die Eisenbahn so zuckelt!

○ »Bitte einsteigen, die Türen werden geschlossen! Der Zug fährt ab!«

△ Das Spiel sprachlich interessant gestalten.

○ Trillerpfeife ...
Gemeinsam lassen wir die Eisenbahn langsam anfahren:

△ Pfeife als Zugsignal einsetzen und kennen lernen.

○ Tsch, tsch, tsch, tsch, ...

□ Spielerische Sprachförderung.

○ Zu jeweils einem »tsch« werden nun die Schultern der sitzenden Kinder von den stehenden Kindern (Zuckelkinder) leicht vor und zurück geschoben. Je schneller das »tsch« gesprochen wird, umso schneller die »Ruckel-Zuckel-Bewegung«. Wir können diese Schubbewegung auch wechselweise in entgegengesetzter Richtung machen (rechte Schulter vor, linke zurück).

□ Schulterlockerung.

○ Der Schaffner verlangt die Fahrkarten. Bitte alle Karten vorzeigen und abknipsen lassen!

△ Mit dem Locher die Karten abknipsen.

□ Kinder lernen, was bei einer richtigen Zugfahrt alles geschieht.

○ Ein Pfeifton signalisiert, dass der Zug in einen Bahnhof einfährt.
Die »Zuckelkinder« setzen oder knien sich jetzt neben das sitzende Kind und legen dessen Arm auf ihre Hände.

△ Signal setzen zum Wechsel.

○ Die Arme werden nun zum »tsch, tsch, tsch« leicht geschüttelt (Bewegungsrichtung ist jetzt rauf-runter). Einige »Tüt-tüt«-Laute nicht vergessen!

□ Tastsinn und Körperbewusstsein fördern.

□ Lockerung der Armmuskulatur.

○ Ein weiterer Pfeifton signalisiert, dass der Zug den Bahnhof wieder verlässt. Die »Zuckelkinder« wechseln zum anderen Arm und schütteln ihn wieder wie oben beschrieben. Jetzt ertönt ein Pfeifton, der eine kleine Brotzeit ankündigt.

☐ Auf Signale reagieren lernen.

○ Wir stellen uns vor, dass wir uns jetzt im Speisewagen befinden. Der Schaffner reicht den Fahrgästen und »Zuckelkindern« Cräcker und Saft. Da nach so einer Brotzeit ein Schläfchen angenehm ist,

△ Motivation aufrecht erhalten.

○ legen die Fahrgäste ihre Beine hoch (auf den gegenüberliegenden Stuhl) und schließen die Augen. Die »Zuckelkinder« knien neben ihrem rechten Bein und legen sanft die Hände auf den Oberschenkel des liegenden Kindes.

☐ Entspannung und Ruhe entstehen lassen.

☐ Nach Innen fühlen lernen.

○ Leise sprechen wir nun das »tsch, tsch, tsch« und wackeln das Bein leicht hin und her. Leiser Wechsel zum anderen Bein und wieder sanft wackeln.

☐ Lockerung/Entspannung der Beinmuskulatur.

○ »Spüre, wie gut das sanfte Wackeln deinen Beinen tut.«

☐ Körper spüren lernen.

○ Wir kitzeln die Fahrgäste leicht am Bauch: Endstation-ITALIEN. Alle Fahrgäste aussteigen!

△ Kinder wieder ganz in die Gegenwart zurückholen.

○ »Wir sind schon direkt am Meer und wollen gleich schwimmen gehen.« »Alle Kinder laufen im Raum mit Arm-Schwimmbewegung herum.« Nun wollen wir wieder nach Hause fahren. Alle »Zuckelkinder« sind jetzt Fahrgäste, alle anderen stellen sich jetzt hinter sie.

△ Bewegung ermöglichen.

○ Ein Pfeifton ertönt: Alle einsteigen, die Fahrt beginnt! Dann wiederholen wir den Ablauf, wie bei der Hinfahrt. Je nachdem, wie motiviert die Kinder noch sind, können Sie das nachfolgende Sprechspiel gemeinsam spielen und sprechen, oder jedes Kind ist einmal der Schaffner, der Pfeifsignale und Fahrkartenabknipsen übernimmt.

□ Signale erkennen und interpretieren lernen.

Sprechspiel:

○ Alle Kinder setzen sich in den »Zug«. Der Schaffner pfeift und knipst die Fahrkarten ab. Wir sprechen: »*Ruckel-Zuckel-Eisenbahn*

△ Wir bewegen die angewinkelten Arme in entgegengesetzter Richtung vor und zurück.

○ *tut − tut − tut*

△ Wir machen mit einem Arm eine Auf- und Abbewegung.

○ *wir fahren in die Welt hinein − tsch, tsch, tsch −*

△ Wir bewegen die Arme vor und zurück.

○ *lasst uns darum recht fröhlich sein − tsch, tsch, tsch.«*

△ Wir bewegen die Arme in entgegengesetzter Richtung.

○ Der Schaffner pfeift!

△ Ende des Spiels oder Schaffnerwechsel, bis alle Kinder an der Reihe waren.

139

Weiterführungsmöglichkeiten

○ Wir können auch paarweise die Zugübung machen. Ein Kind legt sich auf den Boden (= Zug), das andere Kind setzt sich daneben. Mit dem Sprechspiel »Ruckel-Zuckel-Ei-senbahn« bewegt das sitzende Kind den Körper des »Zugkindes« hin und her und lockert ihn dadurch.

○ Wir basteln einen Zug aus Streichholz-schachteln und malen diesen bunt an (Spei-se- und Schlafwagen nicht vergessen!).

○ Wir machen eine echte Zugfahrt mit den Kindern.

○ Ruckel-Zuckel-Maschine: wir schneiden in einen großen Karton zwei Löcher, ein Kind steckt z.B. einen Arm durch ein Loch. Das andere Kind steckt ebenfalls seine Hand von der anderen Seite in den Karton und bewegt den Arm des Mitspielers hin und her.

○ Erfinden Sie andere »Schüttelgeschichten«, die zu dieser Massageart passen, wie z.B. »Bäume im Wind«: leichter Wind – stär-ker werdender Wind – Sturm. Diese Übung können Sie als Einzelübung oder als Paar-übung anbieten. Bei der Einzelübung be-wegt und schüttelt ein Kind sich selbst. Es stellt einen einzelnen Baum dar. Dies ist eine Form der kreativen Bewegung. Bei der Paarübung liegt oder steht ein Kind, das andere bewegt seinen Körper hin und her. Dies ist eine Entspannungs- u. Locke-rungsübung.

Gesichtsmassage

»Das steht ihm ins Gesicht geschrieben«. So lautet eine unserer Redensarten. Kein anderer Körperteil sagt und zeigt so viel von unserem Wesen wie das Gesicht. Da es sehr verletzlich ist, sollten wir besonders liebevoll mit ihm umgehen. Ein Großteil unserer Sinneswahrnehmungen ist in unserem Gesicht angesiedelt. Mit den Sinnen machen wir uns ein Bild von der Welt. Und nicht zuletzt identifizieren wir uns meistens mit dem äußeren Erscheinungsbild unseres Gesichtes. Daher ist es von großer Wichtigkeit, dass Kinder erfahren, dass ihr Gesicht schön ist, ganz gleich, ob eine Sommersprosse »schief« sitzt oder nicht. Lenken sie bei dieser Massage die Aufmerksamkeit der Kinder immer wieder auf ihre Augen und versichern sie ihnen, wie schön sie sind und wie gut sie funktionieren. Oder auf ihr Näschen, wie schön es ist und wie gut sie damit atmen können usw. Bauen sie Selbstwertgefühl im Kind auf, damit es später eine gute Basis hat, um sich selbst zu akzeptieren und zu mögen. Dieser Massage sollte die Übung »Ich bin schön« (Phantasiereisen) als Vorbereitung vorausgehen, damit die Sensibilität für das Gesicht schon geweckt ist. Die Kinder gehen dann viel zartfühlender mit ihrem Übungspartner um und übernehmen Verantwortung für ihr Tun. Weiterhin sollten die Kinder bereits mit anderen Formen der Partnermassage vertraut sein. Z.B. mit der Orangenmassage, der Handmassage usw. Immer wieder berührt es mich tief, die Kinder bei der Gesichtsmassage zu beobachten. Mit welcher Hingabe und Liebe sie füreinander sorgen können – tun wir es ihnen gleich!

Raumgrundgestaltung

Gestaltung der Mitte: Bild oder Foto eines Gesichtes auf einer schönen Unterlage (Stoff oder Papier).

Material

Für jedes Paar eine kleine Massagecreme (Hautcreme); bei Kindern mit Hautproblemen sollten Sie vorher mit den Eltern besprechen, welche Sorte sie nehmen. Ansonsten lassen Sie sie ohne Creme massieren. Gut geeignet zum Abfüllen sind Schraubdeckel von Gläsern.

Gruppenstärke

Acht, maximal zehn Kinder.

Musik

Meditative Musik, z.B. Enya: *Shephard Moons*.

Anleitung	Pädagogische Hinweise

Jedes Kind sucht sich einen Platz. Wir betrachten das Bild in der Mitte des Kreises. Wir benennen die Körperteile des Gesichtes: Haare, Stirn, Augen, Nase, Wangen, Mund, Kinn, Hals, Ohren.

○ Währenddessen streichen die Kinder am eigenen Kopf über die genannten Stellen.

□ Körperbewusstsein und -wahrnehmung schulen.

○ »Wir wollen unser Gesicht genau kennen lernen – wir wollen es spüren. Wir merken, dass wir sehr behutsam und vorsichtig mit ihm umgehen müssen. Spürt die weiche Haut, fühlt euer schönes Gesicht!«
»Nachdem wir unser eigenes Gesicht betastet haben, wissen wir, dass wir vorsichtig sein müssen, ebenso müssen wir das bei unseren Freunden sein! Heute wollen wir einem Freund oder einer Freundin das Gesicht streicheln und ein wenig eincremen und massieren.«

△ Unser Gesicht verrät viel über uns. Es ist die Zone unseres Körpers, die mit den meisten Sinnesorganen ausgestattet ist. Sehr viele kleine Muskeln, die oft verspannt sind, befinden sich hier. Eine Gesichtsmassage ist sehr angenehm und vermittelt das Gefühl, akzeptiert zu werden.

○ »Ihr dürft euch jetzt einen Freund oder eine Freundin suchen.«
»Nun baut euch eine Kuschelstelle – ihr könnt ein Kopfkissen verwenden, eine Decke und ein Sitzkissen.«

△ Paare bilden lassen.

○ »Jetzt will ich euch zeigen, wie wir unsere Gesichter massieren können.«

△ Ein Kind auswählen.

○ »Schaut genau her! Ich setze mich hinter den Kopf des Kindes, so erreiche ich das Gesicht am besten.«

△ Demonstration (Lernen am Modell).

○ »Zuerst streiche ich ihm über den Kopf und kraule seine Haare ein wenig. Dann streiche ich die Haare aus dem Gesicht. Danach nehme ich ein wenig Creme und verteile sie erst etwas auf meinen Fingern. Jetzt beginne ich an der Stirn. Ich streichle sie mit meinen Fingern.

☐ Sozialverhalten stärken.

☐ Taktilen Sinn schulen.

○ Aber VORSICHT! Wir kommen nicht zu nahe an die Augen! Denn Creme kann in den Augen brennen.

☐ Verantwortungsvolles Handeln lernen.

○ Dann gebe ich einen Tupfer Creme auf die Nasenspitze und verteile sie. Nun sind die Wangen an der Reihe. Mit kreisenden Bewegungen massieren wir leicht die Wangen. Wir können vorsichtig auf den Lippen etwas Creme auftragen, aber hier besonders wenig, damit keine Creme in den Mund gelangt! Jetzt wollen wir das Kinn ein wenig kneten. Mit unserem Daumen streichen wir darüber. Das Kind, das massiert wird, lässt den Mund ganz locker.

☐ Zusehen und Zuhören lernen und es dann selber in die Tat umsetzen.

○ Zum Schluss wollen wir auch die Ohren massieren. Wir legen unsere Finger hinter die Ohrmuschel, der Daumen bleibt vorne. Mit ihm massieren wir in kleinen Kreisen das Ohr.

☐ In den Ohren befinden sich viele Reflexzonen, daher werden viele Organe und Körperteile durch eine Ohrenmassage positiv beeinflusst.

Seelengespräch

Dein Gesicht,
welch zarte Landschaft!
Noch nie zuvor habe ich dich so berühren dürfen.
Behutsam, so wie der Moment es gebietet,
streichle ich dich und danke dir dafür...

Deine Hände,
wie sanft sie sind!
Noch nie zuvor hast du mich so berührt.
Vertrauen habe ich, in diesem Moment,
dem stillen, zu dir ganz und gar...

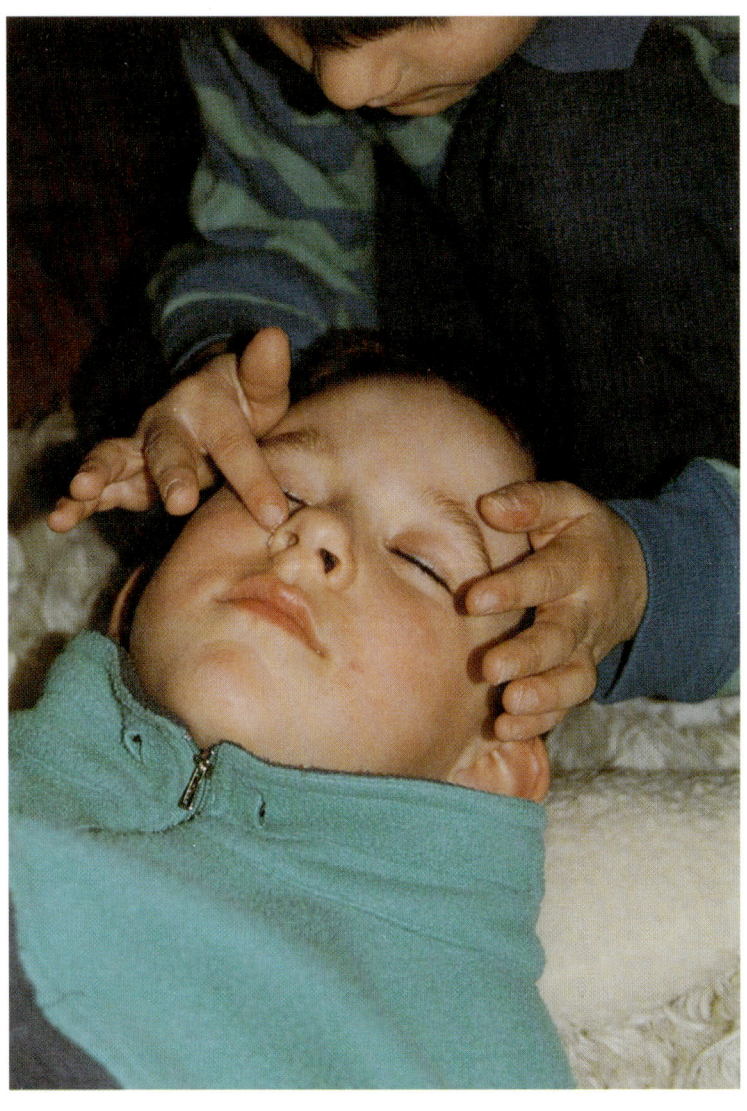

Wir streichen zwei- bis dreimal mit beiden Händen über das Gesicht. Dann setzt oder legt euch ruhig neben euren Partner.
Wir lassen ihn noch kurz ruhen, dann tauschen wir die Plätze und das andere Kind darf verwöhnt werden.«

○ »Nachdem alle Kinder sich gegenseitig massiert haben, setzen wir uns noch einmal im Kreis zusammen und betrachten unsere Gesichter — wie schön wir sind!«

○ »Damit wir wieder ganz munter werden, wollen wir noch eine lustige Gesichtsgymnastik machen — nämlich Grimassen schneiden und uns dabei recken und strecken!«

△ Ich gebe den Kindern die Creme.

△ Meditative Musik anstellen.

△ Fünf bis zehn Minuten Zeit für die Massage geben.

△ Partnerwechsel und nochmals fünf bis zehn Minuten Zeit geben.

△ Die Kinder sind danach oft sehr entspannt und müssen in die Realität zurückgeführt werden. Grimassen schneiden gibt den Gesichtsmuskeln den richtigen Muskeltonus, es entspannt oder kräftigt sie; also munter drauf los!

Weiterführungsmöglichkeiten

○ Wir gestalten Gipsmasken aus Gipsbinden und erhalten dadurch einen Abdruck unseres Gesichtes!

○ Wir erraten aufgrund von Schattenbildern (mit dem Diaprojektor), welches Kind sich hinter der Leinwand befindet.

○ Besorgen Sie ein oder zwei dicke Puderschminkpinsel. Mit ihnen lässt sich das Gesicht wunderbar massieren.

Ich liege mit der Schwere meines Körpers
geborgen bei euch
– sein Platz ist in eurer Mitte.
Ich liege mit der Leichtigkeit meiner Seele
geborgen bei euch
– ihr Platz ist in meiner Mitte.
Ich liege mit der Stärke meines Geistes bei euch
– sein Platz ist überall!

146

Phantasiereisen

Bei Phantasiereisen unterscheide ich zwischen den frei geführten und den voll geführten Phantasiereisen. Die frei geführte Phantasiereise stellt nur einen losen Rahmen dar und lässt viel Raum für eigene Bilder. Die voll geführte Phantasiereise gibt Szenerie, Geschehen und Bilder relativ genau vor. Beide Formen setze ich je nach Zweck verschieden ein. Bei kleineren Kindern verknüpfe ich meistens beide miteinander.

Mit Kindern in die Welt der Phantasie einzutauchen, bedeutet für mich, die Macht der guten Träume zu nutzen, um den Kindern einen Freiraum zu schenken, den sie in ihrer Realität häufig nicht mehr vorfinden. Phantasiereisen sollen Platz für eigene Bilder schaffen, den Kindern Weite geben und sie Landschaften erleben lassen, die für sie sonst unerreichbar blieben. Oft lassen sich Probleme mit ihnen auch auf konstruktive Weise lösen. Eine Phantasiereise gibt dem Kind die spielerische Möglichkeit, sich mit seinem Mut, seiner Angst und seinem ganzen Wesen Ausdruck zu verschaffen. Geschichten, die ich Vorschulkindern erzähle, haben meist nur einen losen Rahmen (frei geführte Phantasie), der dem Kind die Freiheit lässt, sich zu bewegen und zu sich selbst zu finden. Kinder besitzen das magische Denken, darum fällt es ihnen viel leichter, sich vorzustellen, am Meer zu sein und die Sonne zu spüren, auch wenn es in Wirklichkeit gerade kalt und regnerisch ist. Indem wir Kinder in die Welt der Phantasie führen, lehren wir sie, ihre Vorstellungskraft zu nutzen, um gesund und fröhlich zu bleiben. Gerade dann, wenn der All-tag einmal trist ist. Die Phantasiereise sollte natürlich nicht dazu dienen, Kinder zu weltfremden Träumern zu machen. Vielmehr soll ihnen der Weg gewiesen werden, zu sich selbst zu finden, um in der äußeren Welt bestehen zu können. Nur zu oft verlieren sich die Kinder von heute in aufgesetzten Fernsehbildern und im Labyrinth des Computerzeitalters. Da die Bilder von außen auf sie einströmen, verlieren Kinder leicht ihre Mitte. Vieles bleibt unverarbeitet, wird verdrängt und taucht in Alpträumen wieder auf. Phantasiereisen ermöglichen es ihnen jedoch, auf schöpferische Weise Bilder aus sich entstehen zu lassen, mit denen sie im Einklang stehen und die heilsam auf sie wirken.

Wenn ich die Konzentrationsfähigkeit der Kindergartenkinder (schulvorbereitend) schulen möchte, setze ich die voll geführte Phantasiereise ein. Hierbei ist das Ziel, die Kinder auf angenehme Art und Weise anzuleiten, über einen längeren Zeitraum still sitzen und zuhören zu können. Auch wenn Kinder sehr schnell in das Land der Phantasie eintauchen können, wächst die Motivation zum »inneren Fernsehen« enorm, wenn die Mitte mit anregendem, schönem, zum Thema passendem Material (siehe auch Einleitung) dekoriert ist. Kinder lieben den Zauber, den wir auf solche Weise auch der Realität geben können.

Fotos und Bilder schaffen eine gute Voraussetzung, um Kinder selber Geschichten erfinden zu lassen. Ich beginne z.B. mit dem folgenden Satz: »Seht die schöne Blume, woher mag sie wohl kommen? Welche Geschichte kann sie uns erzählen?«

Jedes Kind kann nun seinen Gedanken dazu beitragen, wir träumen mit offenen Augen. Können Sie sich eine schönere Möglichkeit vorstellen, Kinder mit unserer Sprache vertraut zu machen? Diese Methode ist für Eltern, Erzieher und Lehrer eine gute Gelegenheit, Kinder spielerisch in das Reich der Worte einzuführen und sie schöpferisch mit der Sprache umgehen zu lehren. Wenn Kinder schon geübt sind im Umgang mit Stille-Übungen, kommt es oft vor, dass sie die Augen aufschlagen und sagen: »Oh, das war schön, machen wir noch weiter?«

Ich begrüße sie dann, indem ich ihnen meine Freude darüber zeige, dass es ihnen gefallen hat, gebe aber ihrem Wunsch nach Fortsetzung nicht nach. Ich möchte das eben Erlebte nicht mit einer neuen Geschichte überdecken, denn dabei würde ich sie gerade zum Konsumverhalten erziehen. Vielmehr liegt mir bei der Phantasiereise daran, den schöpferischen Moment im Kind auszudehnen, ihm den Impuls zum eigenen Erzählen, Malen oder Gestalten zu geben, um das eben Empfundene zu vertiefen und ihm Ausdruck zu verleihen.

Phantasiereisen lassen Kinder echte Befriedigung und Bestätigung erfahren. Ihr Selbst wird gestärkt, ihre ursprüngliche Harmonie wiederhergestellt. Sie werden ausgeglichen und empfinden Freude über das Erlebte.

Für Grundschulkinder ist eine freie Phantasiereise nach einer längeren Lerneinheit sehr entspannend und gibt ihnen Zeit, neue Kraft zu schöpfen. Lassen Sie ihnen viel Zeit, damit die Kinder ihren eigenen Bildern nachhängen können. Eine frei oder voll geführte Phantasiereise ermöglicht bei Grundschülern einen mühelosen Übergang zum Kunstunterricht (das Erlebte wird gestaltet, gemalt usw.) oder zur Deutschstunde (Anbahnungsübung für Erlebnisberichte, Aufsätze, Phantasiegeschichten usw.). Dem Grundsatz der ganzheitlichen Erziehung würden Sie damit als Lehrer voll gerecht.

Nehmen Sie sich als Erzieher, Eltern und Lehrer doch auch einmal die Zeit, sich selbst zu erholen und hängen Sie Ihren Tagträumen einfach nach. Stellen Sie sich vor, genau da zu sein, wo Sie immer schon einmal hinwollten, aber aus verschiedenen Gründen noch nicht waren ... und aus diesem Gefühl heraus erfinden Sie dann Phantasiereisen für Ihre Kinder. Oder Sie fragen die Kinder, was sie gerne einmal erleben möchten und nutzen deren Wünsche für das Erdichten von Phantasiereisen. Träumen Sie sich ein in Ihre Lieblingsgeschichte und kehren Sie gestärkt, entspannt und glücklich in den Alltag zurück!

Delphintraum

Delphine sind nicht nur Lebewesen, die in unseren Meeren und im Amazonas leben, sie zählen auch zu den mythischen Tieren. Wie viele Geschichten ranken sich seit langem um die »lachenden Säugetiere« und deren Hilfe für die Menschen in Notsituationen. Was auch immer ein jeder davon halten mag, Experimente und Beobachtungen zeigen, dass es sich um extrem sensible Wesen mit einem ausgeprägten Sozialsinn handelt. So steht einem Delphinweibchen z.B. eine »Hebamme« beim Gebären bei und umsorgt die werdende Mutter aufmerksam. Stirbt ein Delphinbaby, so trennt sich die Mutter erst nach Tagen vom abgestorbenen Leib ihres Kindes; es ist, als trauere sie um das verlorene Junge.

Seit kurzem werden Delphine auch von Therapeuten für ihre Arbeit mit autistischen Kindern eingesetzt. Wie wundervoll ist es, wenn eine Menschenseele, die sonst so sehr in sich zurückgezogen lebt, plötzlich beginnt, sich für ein anderes Lebewesen zu öffnen. Delphine sind für mich ganz besondere Wesen, die ich persönlich nur mit meiner Seele zu begreifen vermag. Ein altes chinesisches Sprichwort sagt, dass Delphine das Licht vom Himmel holen und es der Erde schenken.

Raumgrundgestaltung

Blaue Tücher und darüber dünne Abdeckfolie (ergibt einen tollen Wassereffekt).

Material

Schale mit Wasser; Salz; Edelstein; eventuell ein ätherisches Öl; Löffel oder Stäbchen; Meeresbild; Delphinbild; Unterwasserbild und falls vorhanden eine Ozeantrommel.

Gruppenstärke

Acht Kinder.

Anleitung	Pädagogische Hinweise

Wir betreten den vorbereiteten Raum und ich warte ab, wie die Kinder auf die Dekoration reagieren.

○ Wir sprechen darüber, was die Tücher und die Folie darstellen könnten. Ich stelle die Schale mit Wasser darauf und fordere die Kinder auf, rundherum Platz zu nehmen.

    □ Phantasie anregen.

    △ Das Dargestellte konkretisieren.

○ Wir sprechen über Seen, Bäche und das Meer. »Wer war schon einmal am Meer?« »Worin unterscheidet sich das Meer von Seen oder Bächen?«

    □ Kognitiven Bereich schulen und Sprache fördern.

○ »Ich zeige euch ein Bild vom Meer, schaut es genau an.«

    △ Visuellen Reiz einsetzen, Motivation steigern und Konzentration sammeln.

○ »Wir stellen uns vor, dass wir eine Welle im Meer sind, ganz sanft wiegen wir uns.«

    △ Mit dem Oberkörper hin und her wiegen und dabei in die Knie gehen oder die Wellenbewegung mit den Armen darstellen.

    □ Wir lassen die Kinder das Meer ganzheitlich nachempfinden, indem wir der Wellenbewegung mit dem Körper nachspüren.

○ »Jetzt wird das Meer vom Sturm immer wilder und die Wellen werden größer.«
»Langsam wird der Sturm ruhiger, bis er ganz verebbt.«
Leise setzen sich alle Kinder wieder auf ihren Platz zurück.

    △ Stärkere Bewegungen ausführen.

    △ Hier können wir zur Unterstützung eine Ozeantrommel einsetzen.

○ »Welche Tiere oder Pflanzen kennt ihr, die im Meer leben?«

□ Sprachförderung.

△ Zur Anschauung eventuell ein Unterwassermeeresbild zeigen.

○ Wir kommen auf die Delphine zu sprechen.

△ Das Bild eines Delphins hinzufügen.

Die Kinder erzählen, was sie alles über Delphine wissen.

○ Mit den Armen und Händen machen wir Schwimm- und Springbewegungen (die Arme und Hände stellen Delphine dar).

△ Den Körper im Sitzen bewegen.

□ Ganzheitliche Erfahrung.

○ »Wie schmeckt das Meerwasser?« Es schmeckt salzig.

□ Schulung des Geschmackssinns.

Wir probieren mit dem Finger, ob das Wasser in unserer Schale auch salzig ist.

○ Wir wollen, dass es salzig schmeckt. Jedes Kind darf eine Prise Salz hineinstreuen. Wir rühren das Wasser mit dem Löffel etwas um. Dann darf wieder jedes Kind das Wasser probieren.

△ Eine Dose mit Salz und Löffel bzw. Stäbchen griffbereit halten.

○ »Jetzt verrate ich euch ein Geheimnis! Wir wollen heute einen Besuch bei den Delphinen machen, dazu brauchen wir aber ein Delphinzauberwasser!«

△ Motivation aufrecht erhalten.

○ Ich zeige den Kindern den Stein und das Öl, dann lege ich den Stein genau in die Mitte der Schale und gebe einige Tropfen von dem Öl hinzu.

△ Einen Kristall oder Edelstein und ein ätherisches Öl (Zitrone oder Orange) zur Hand nehmen.

○ »Wisst ihr Kinder, wenn wir ein gutes Zauberwasser machen wollen, muss jeder mithelfen. Alle Kinder dürfen das Wasser umrühren, aber keiner darf den Stein in der Mitte berühren oder gar verschieben. Gemeinsam müssen wir dazu sagen: › Eins, zwei, drei, Delphin komm' herbei!‹

☐ Phantasie der Kinder anregen.

☐ Durch den gesetzten Mittelpunkt (Stein), um den der Löffel herumbewegt wird, zentrieren sich die Kinder und ihre Konzentration wird gesteigert.

○ Wenn alle Kinder an der Reihe waren, ist das Zauberwasser fertig.

☐ Gemeinschaftsgefühl wird gefördert.

○ Damit wir besser träumen können, erhält jedes Kind einige Tropfen auf die Hände und darf sich auch die Stirn damit einreiben.

△ Vorbereitung auf die Phantasiereise.

○ »Nun legen sich alle Kinder leise auf den Teppich und schließen die Augen.« Ich beginne mit der Phantasiereise.

△ Beginn der Phantasiereise: Ozeantrommel oder Wassermusik einsetzen.

○ »Stell dir jetzt vor, dass du Ferien am Meer machst. Du gehst am Meer spazieren, hörst das Rauschen der Wellen, der Wind streichelt über deine Haut.
Weit draußen siehst du plötzlich Delphine schwimmen. Lustig springen sie hin und her. Du freust dich sehr, diese schönen und freundlichen Tiere zu sehen. Du wünschst dir, dass du einen Delphin streicheln darfst. Da kommt der schönste Delphin auf dich zugeschwommen.

△ Zeit zum Phantasieren lassen.

Der Delphin kommt ganz nah zu dir und du merkst, dass du die Sprache der Delphine verstehst! Der Delphin sagt:

○ › Komm nur, streichle mich, ich bin dein Freund!‹
› Komm mit mir, setze dich einfach auf meinen Rücken und ich stelle dir meine Kameraden vor! Ich passe gut auf dich auf.‹

△ Zeit geben, um der Phantasie freien Lauf zu lassen.

○ Du schwimmst mit deinem Delphin-freund hinaus ins Meer, alle Delphine begrüßen dich begeistert und sie wollen mit dir spielen.

△ Zeit geben.

○ Die Delphine erzählen dir, dass sie gerne die Freunde der Menschen sein wollen, aber dass es leider auch Men-schen gibt, die das Meer vergiften und dass sie davon krank werden.
Aber dann sind die Delphine schon wieder quietschvergnügt und sprin-gen und tummeln sich mit dir im Wasser.
Langsam wirst du müde. Das merkt dein Delphinfreund sofort und er trägt dich auf seinem Rücken an den Strand zurück. Er sagt zu dir:

□ Umwelterziehung.

○ › Auf Wiedersehen mein kleiner Freund –

□ Abschied nehmen lernen und Ver-trauen haben, dass Schönes wieder-kehrt.

○ wie schön, dass du bei uns warst und wie wunderbar, dass es dich gibt! Auch wenn ich jetzt zurück zu meinen Kameraden muss und du zurück nach Hause gehst, wir können uns immer wieder sehen. Wer einmal das Delphinzauberwasser bekommen hat, der kann uns immer wieder besuchen.

□ Selbstwertgefühl stärken.

○ Du musst dann nur deine Augen schließen und an mich denken!‹ Zum Abschied streichelst du deinen Delphin noch einmal, dann schwimmt er wieder ins Meer hinaus.

△ Die Kinder anregen, selber die Phantasie einzusetzen.

○ Er winkt dir noch mit seiner Schwanzflosse zu.

△ Zeit geben.

○ Nun atme ganz tief ein und aus, strecke deinen Körper und schüttle deine Hände und Füße ein wenig.

△ Kinder in die Realität zurückholen.

○ Jeder darf erzählen, was er erlebt hat. Derjenige, der von seinen Erlebnissen erzählt, darf unseren schönen Kuscheldelphin halten und streicheln.«

□ Sprache fördern.

△ Kinder wieder ganz erden.

△ Kuscheltier einsetzen.

Wir alle streicheln unseren Kuscheldelphin und suchen im Raum einen schönen Platz für unseren Freund.

Weiterführungsmöglichkeiten

○ Kreative Bewegung mit Tonpapier-Delphinen: Wir schneiden Delphine in der Größe der Unterarme der Kinder aus Tonpapier aus und befestigen sie mit Gummis an den Armen der Kinder. Mit einer heiteren Musik tanzen die Kinder nun im imaginären Meer herum, denken sich eine schöne Bewegung aus und dürfen sie vorführen. Aus den Bewegungen aller Kinder entwickeln wir einen kleinen Delphintanz.

Wir können auch die Folie nochmals als imaginäres Meer zum Einsatz bringen. Die Kinder verwenden sie wie ein Schwungtuch und immer ein oder zwei Kinder schwimmen als Delphine an der Wasseroberfläche.

○ Sie können ein schönes Spiel im Gruppenraum inszenieren, indem Sie Delphinkuscheltiere mit Gummibändern an die Decke hängen. Die Kinder versuchen die Delphine durch Sprünge zu erreichen und bringen dabei auch die Delphine zum Springen.

○ Sie könnten die Delphine und Wale aber auch längere Zeit zum Thema werden lassen und vielleicht sogar eine Patenschaft übernehmen, die mittels Spenden von den Kindern bzw. ihren Eltern finanziert wird. Wenn Sie Interesse an einer solchen Patenschaft haben, wenden Sie sich dazu an das Delphin-Institut in Freiburg (Adresse siehe Anhang).

Dein ganz besonderer Freund

Ich weiß noch genau, wie ich als kleines Mädchen Hand in Hand mit meiner besten Freundin Rosmarie durchs Dorf ging und wir beschlossen, immer zusammenzubleiben – egal was da kommen mag. Auch wenn dieser Kinderwunsch nicht in Erfüllung ging, war er zu jener Zeit doch stärkend und unterstützte uns in unserer Entwicklung. Leider gibt es Zeiten, in denen nicht alle Kinder das Glück haben, einen guten Freund oder eine gute Freundin zu haben. Hier kann die Phantasie eine große Hilfe und ein echter Trost für das Kind sein. Oft wünschen sich Kinder auch ein Tier zum Gernhaben und Kuscheln. Aufgrund der Lebensumstände ist dies oft nicht möglich. Auch hier erfüllt die Traumreise den Kindern den Wunsch nach einem eigenen liebenswerten Tier – mit ihm zu spielen und Kraft in der Freundschaft mit ihm zu tanken.

Wussten Sie übrigens, dass sich schon die Indianer solcher »Traumreisen« bedienten? Dabei ließen sie vor ihrem inneren Auge ein Tier erscheinen, das ihnen vor schwierigen Situationen Kraft und Mut für das Bevorstehende gab.

Einen Freund haben macht froh,
einen Freund haben bringt Glück,
einen Freund haben heilt Wunden
und ist wie Delphinmedizin.

Raumgrundgestaltung

Gestaltung der Mitte: Korb mit einer Tierhandpuppe; eventuell passende Dekoration dazu aus Naturmaterial.

Gruppenstärke

Acht bis zehn Kinder.

Anleitung

○ Wir setzen uns auf einen Teppich. Ich spiele mit dem Kuscheltier und lasse es zu den Kindern sprechen: »Liebe Kinder, findet ihr nicht auch, dass ich ein schöner (z.B. Igel) bin? Ich kenne ein großes Geheimnis! Möchtet ihr, dass ich das Geheimnis mit euch teile? Also gut Kinder, ich weiß, wie ihr euren ganz besonderen Freund treffen könnt! Er wartet nämlich schon auf euch!

Pädagogische Hinweise

☐ Interesse wecken.

○ Dazu dürft ihr euch auf den weichen Teppich legen und es euch gemütlich machen – wir wollen auf die Traumreise gehen und euren Freund treffen!

☐ Anweisungen verstehen und umsetzen lernen.

○ Damit ihr gut träumen könnt, spürt zuerst einmal euren Körper, wie er auf dem weichen Teppich liegt. Spüre deinen Kopf, den Hals, deinen Rücken und Po, deine Beine und Füße. Spüre, wie deine Arme und Hände auf dem Teppich ruhen. Jetzt schließe die Augen. Wir wollen deinen ganz besonderen Freund besuchen! Dazu stelle dir vor, dass du am Ufer eines Sees spazieren gehst. Mitten im See ist eine kleine Insel – dort wohnt dein Freund. Im Schilf entdeckst du ein schönes, kleines Ruderboot. Du steigst ein –

☐ Körperwahrnehmung schulen.

○ zuerst musst du dich kräftig anstrengen – doch dann geht es plötzlich wie von selbst! Ganz leicht lassen sich jetzt die Ruder bewegen – das Boot gleitet über das Wasser.

☐ Eigenes Engagement wird gefordert und belohnt – ungeahnte Kräfte werden dadurch freigesetzt.

○ Du siehst die Insel näher kommen und du freust dich, denn du weißt, dass dort jemand ganz Liebes auf dich wartet. Sanft gleitest du auf die Insel zu. Das Boot setzt im Sand des Strandes auf und du steigst aus.

☐ Vorfreude wecken.

○ Die Vögel zwitschern und die Sonne scheint warm.
Du folgst einem kleinen Sandpfad
in den lichten Wald hinein – Sonnenstrahlen glitzern auf den Blättern – du hörst es leise rascheln –

△ Zeit geben.

○ da kommt ein ganz liebes Tier auf
dich zu – du spürst, es ist dein
Freund!

□ Begegnung mit dem »Krafttier«.

△ Zeit geben.

○ Du verstehst die Tiersprache und
dein Freund versteht die Menschen-
sprache. Du weißt, diesem Tier
kannst du alles erzählen, sei es lustig
oder traurig, es ist dein ganz besonderer Freund. Ihm fällt immer eine
gute Lösung ein – er wird dir immer
helfen!

□ Der Wunsch nach einem besten
Freund kann in Erfüllung gehen.

○ Du streichelst dein Tier ganz behutsam! Ihr spielt zusammen.
Langsam wird es dunkel – du musst
jetzt nach Hause!

□ Mit Tieren behutsam umgehen lernen und Sensitivität wecken.

○ Verabschiede dich von deinem
Freund. Was möchtest du ihm noch
sagen? Was sagt dein Freund zu dir?
Er begleitet dich zum Boot, du
winkst zum Abschied, schnell und
sanft gleitet dein Boot zurück zum
Festland – du weißt, du wirst deinen
Freund bald wiedersehen.«

△ Zum Ausklang die Kinder erzählen
lassen.

Zur Ergänzung können wir auch Tiere aus Ton gestalten oder alle zusammen die Insel mit allen
Tierfreunden auf ein großes Blatt malen.

Mein wunderschöner Märchengarten

Wachsen und sich entwickeln, die eigenen Farben und Eigenheiten hervorbringen, diesen Prozess durchlaufen alle Kinder. Wer könnte ihnen dabei hilfreichere Botschaften geben als ein kleines Gärtlein, in dem alles wächst und gedeiht? Sich einen Garten vorzustellen, die Blumen und Wesen darin lebendig werden zu lassen, kann einem Kind helfen, sich selbst zu entfalten. Es bietet sich an, diese Übung im Frühling oder im Sommer zu machen, wenn Sie reichlich Blumen zur Anschauung haben. Im Winter jedoch, wenn draußen Schnee liegt, kann es ein ganz besonders bezauberndes Erlebnis für die Kinder sein, wenn Sie mit echten Blumen diese Phantasiereise anleiten. Die Kinder erfahren dann, dass das Leben immerwährend Blüten hervorbringt und dass auch ihr eigenes Wachstum niemals stille steht.

Raumgrundgestaltung

Welchen Raum wir hier wählen, hängt zum einen vom Wetter ab, zum anderen von den Kindern. Bei schlechtem Wetter oder wenn sich die Kinder schnell von äußeren Dingen ablenken lassen, bleiben wir im Raum.
Bei gutem Wetter und konzentrationsfähigen Kindern gehen wir mit Decken ins Freie.

Material

Tablett mit sechs kleinen Vasen, gefüllt mit verschiedenen Blumen oder Gräsern. Sie sollten die Namen der Pflanzen wissen, um sie den Kindern nennen zu können.

Gruppenstärke

Acht bis zehn Kinder.

*Die schönsten Blumen
blühen in meinem Herzen,
wenn ich stille bin
und mich erinnere
an all das Gute, das mir widerfährt!*

Anleitung	Pädagogische Hinweise

»Alle Kinder dürfen sich einen Platz suchen. Wir sitzen im Kreis. Ich habe euch heute Blumen mitgebracht.

○ Wer kennt ihre Namen?«
»Womit können wir sie überhaupt sehen?«
»Die Augen helfen uns normalerweise, Dinge zu sehen und zu erkennen.

☐ Kognitiven Bereich schulen.

○ Aber heute dürfen diese Aufgabe unsere Hände übernehmen. Wir wollen ausprobieren, ob unsere Hände ›sehen‹ können.

△ Die Kinder für die Übung motivieren.

○ Es ist aber sehr wichtig, dass alle Kinder mithelfen und ganz ruhig dabei sind! Jeder kommt an die Reihe, keiner darf etwas verraten!«

☐ Beherrschung lernen.

○ »Zuerst wollen wir ganz ruhig die Blumen betrachten, uns anschauen, welche Blüten und Blätter sie haben. Immer zwei Kinder dürfen jetzt das Tastspiel machen. Ein Kind schließt hierbei die Augen, das Nachbarkind wählt eine Blume aus und hält sie an die Hände des anderen Kindes.«

☐ Sinneswahrnehmung schulen.

○ Das »blinde« Kind ertastet vorsichtig die Blume.

☐ Sensibilität fördern.

○ Dann wird die Vase auf das Tablett zurückgestellt und das Kind, das die Augen geschlossen hatte, sagt

☐ Die visuellen Eindrücke mit der taktilen Wahrnehmung verbinden lernen.

jetzt mit offenen Augen, welche
Blüte es betastet hat.

○ Jedes Kind muss warten und still
sein, bis alle Kinder die Blüten ertastet haben.
»Wenn alle Kinder an der Reihe waren, können wir gemeinsam die Augen schließen und vorsichtig alle
Blumen betasten und Unterschiede
spüren.

□ Sozialverhalten stärken.

○ Dabei werden sich unsere Hände treffen, wir wollen auch zu ihnen freundlich sein.«

□ Gruppenzugehörigkeit und Sozialverhalten stärken.

○ »Wie fühlt sich die Sonnenblume an?
Wie ein Gänseblümchen …«
»Nachdem wir die Blumen schon so
gut kennen gelernt haben, können
wir unseren eigenen kleinen Mär-
chengarten erschaffen. Dazu dürft ihr
euch auf die Decken legen!«

□ Tastsinn schulen.

○ »Nun schließe deine Augen und stelle dir vor, dass es ein wunderschöner
Tag ist. Es ist warm, die Sonne lacht
und es geht dir sehr gut. Du bist an
einem schönen Platz. Es ist dein Garten! Wie soll dein Garten aussehen?
Hat er rundherum einen Zaun? Welche Blumen, Büsche, Bäume oder
welche Gemüsesorten wachsen
dort?«

□ Vorstellungskraft schulen, um das
Imaginierte später auch in die Realität umsetzen zu können (einen kleinen Garten anlegen).

○ »Gibt es auch Tiere in deinem Gärtlein? Oder ein Gartenhäuschen?«

△ Zeit geben.

○ »Vielleicht gibt es dort auch Märchenwesen, Elfen, Zwerge oder Einhörner?«

○ »Was machen sie dort, spielen sie?« »Kannst du mit ihnen sprechen?« »Jetzt schau – es gibt eine Blume in deinem Garten. Es ist deine Lieblingsblume!

○ Sie hat einen herrlichen Duft! Wenn du diese Blume anschaust und ihren Duft einatmest, wirst du sehr glücklich!

○ Dabei geschieht ein Wunder! Die Blume blüht jetzt nicht mehr im Garten, sondern auf deiner Brust – in deinem Herzen! Dadurch fängt dein ganzer Körper an zu leuchten und zu duften wie die Blüte!

○ Je besser du dich fühlst, umso unsichtbarer wird deine Blüte. Du weißt, sie blüht jetzt für immer in deinem Herzen! Wenn du die Augen schließt und an sie denkst, wird sie dich immer wieder glücklich machen!«

○ »Langsam öffne deine Augen und setze dich wieder hin. Schau auf unsere Blumen hier in den kleinen Vasen!«

○ »Kinder erzählt, was ihr erlebt habt.« »Wir wollen im Kreis um unsere Blumen tanzen und ein passendes Lied dazu singen (z.B.: *In unserem Gärtlein*)«.

□ Phantasie anregen.

△ Zeit geben.

□ Imagination stärken.

□ Unbewusst die Schönheit des eigenen Herzens wahrnehmen.

□ Die »gute innere Kraft« kennen und gebrauchen lernen.

△ Kinder »zurückholen« und erden, ihre Aufmerksamkeit nach außen lenken.

□ Sich mitteilen, Gefühle in Sprache umsetzen lernen.

In unserm Gärtlein

Melodie: Marianne Weyerer
Text: Sylvia Lendner-Fischer

In un - serm Gärt - lein tan - zen wir

mit Kä - fer, Wurm und Zwerg

die El - fen - kin - der sit - zen

ver - gnügt auf ei - nem Berg

Weiterführungsmöglichkeiten

○ Wenn möglich, können wir einen echten Garten anlegen.

○ Kinder lieben es auch, wenn plötzlich (durch Imagination) in einer Pflanze ein kleiner Gartenzwerg sitzt oder eine kleine Elfe im Blumenstrauß steht. Dann können wir gemeinsam mit den Kindern traumhaft schöne Geschichten erfinden und weiterspinnen, z.B. vom kleinen Zwerg, der seine rote Zipfelmütze verloren hat ... oder von einer kleinen Elfe, die einmal so Halsweh bekam, dass sie nicht mehr singen konnte. Der Zwergendoktor kam sofort zu Hilfe... Wir können raten, aus welchen Pflanzen der Zwerg »Halswehmedizin« braut und in einem Hausapothekenbuch nachschauen. Ihrer Phantasie sind bei der Erfindung solcher Geschichten keine Grenzen gesetzt!

Wie das traurige Kind fröhlich wurde

Diese Phantasiereise gibt Kindern die Möglichkeit, aktiv an einem Transformationsprozess teilzunehmen. Sie lernen sich mit einer schwierigen Situation auseinanderzusetzen und sie zu verändern. Indem sie sich in eine Situation hineinversetzt fühlen, die ihnen während der Phantasiereise vorgegeben wird, stellen sich ihnen Fragen wie: »Was kann ich tun, wenn ich selber traurig bin? Was tut mir dann gut, was würde ich mir dann wünschen?« So erprobt das Kind spielerisch eine Krisensituation und kann dadurch im realen Leben leichter mit Schwierigkeiten umgehen. Viele Kinder, die ich mit auf die folgende Phantasiereise nahm, sagten später, dass das Kind, dem sie hier begegneten, deswegen so traurig war, weil es keine Eltern mehr hatte! Wie deutlich spricht hier die Urangst vor dem Verlassenwerden aus den Kindern! Umso wichtiger ist es, den Kindern zu helfen, aktiv gegen Ängste vorgehen zu können. Dadurch stärken wir sie für schwierige Lebenssituationen.

Raumgrundgestaltung

Gestaltung der Mitte: Eine schöne Blüte, eine Kerze oder ein Edelstein.

Material

Eventuell ein Bild von einem weinenden und/oder einem lachenden Kind; Triangel.

Gruppenstärke

Acht bis zehn Kinder.

Anleitung	Pädagogische Hinweise

Jedes Kind sucht sich einen Platz und setzt sich.

○ Wenn Sie Bilder von einem traurigen und/oder einem fröhlichen Kind haben, beginnen wir die Übung, indem wir diese Bilder betrachten.

□ Gefühle, die sich im Gesicht eines anderen widerspiegeln, erkennen und deuten lernen (Körpersprache).

○ Wir können auch darüber sprechen, wann wir uns fröhlich oder traurig fühlen.
»Kinder, ich möchte heute gemeinsam mit euch eine Geschichte erfinden. Jeder kann dabei seine eigene Geschichte erleben. Die Geschichte soll heißen: *Wie das traurige Kind fröhlich wurde.*

□ Gefühle artikulieren lernen.

○ Dazu setzen wir uns bequem hin. Spürt, ob ihr, so wie ihr jetzt sitzt, ein Weilchen gut und ruhig sitzen könnt. Sonst ändert eure Sitzhaltung.«
»Jetzt wollen wir gemeinsam die Geschichte träumen. Schließe deine Augen und werde ganz ruhig.

□ Körpergefühl entwickeln.

○ Ich spiele jetzt auf der Triangel und wenn der Ton verklungen ist, befinden wir uns im Traumland.«

△ Einsatz der Triangel (oder eines anderen Instrumentes).

○ »Stelle dir vor, dass du draußen auf einem wunderschönen Weg in der Sonne spazieren gehst. Schau dich um, was siehst du an deinem Weg? Gibt es hier bunte Blumen? Liegen schöne kleine Steine auf deinem Weg? Führt dein Weg vielleicht an einem Bach entlang oder durch einen Wald?
Während du so dahinspazierst und recht vergnügt dabei bist, siehst du in der Ferne, auf deinem Weg, eine Bank.

△ Der Entwicklung der Phantasie Zeit lassen.

○ Auf der Bank sitzt jemand. Du gehst näher heran.
Da kannst du erkennen, dass ein Kind darauf sitzt. Das Kind ist sehr traurig...«

□ Neugierde wecken und dadurch die Kinder motivieren, weiter zu träumen.

△ Zeit geben.

○ »Du kannst das Kind fragen: Warum bist du denn so traurig?«

□ Indem das Kind sich in die Situation hineinversetzt sieht, trifft es auf eigene traurige Gefühle und lernt damit umzugehen. Es kann die Trauer bewältigen.

○ »Nun horch, was es dir erzählt...«

△ Zeit geben.

○ »Vielleicht fällt dir etwas ein, wie du das Kind fröhlich stimmen kannst? Stell dir vor, was ihr zusammen machen könntet – was könnt ihr gemeinsam spielen?«

□ Kinder lernen, Probleme konstruktiv zu lösen und schwierige Situationen aktiv anzugehen.

168

Wie traurig es mich macht,
dich traurig zu sehen!
Ich pflücke ein Lächeln von meinen Lippen
und werfe es dir zu,
pass auf und fange es,
damit wir wieder fröhlich sind!

○ »Was magst du gerne, wenn du traurig bist? Du darfst dem Kind jetzt helfen, fröhlich zu werden…«	☐ Auf eigene Erfahrungen zurückgreifen lernen, um anderen helfen zu können.
	△ Raum und Zeit geben für die Entwicklung eigener Ideen.
○ »Wie schön ist es, einen Freund zu haben; wie schön ist es zu helfen. Das Kind ist dein Freund geworden, schau, jetzt lacht es wieder!«	☐ Freude am Helfen spüren.
○ »Ihr könnt noch viel gemeinsam erleben. Ihr könnt euch immer wieder treffen, besonders dann, wenn einer von euch traurig ist. Dann könnt ihr euch gegenseitig froh machen!« »Aber jetzt muss jeder nach Hause gehen. Ihr verabschiedet euch herzlich und glücklich voneinander.«	△ Die Kinder anregen, die eigene Phantasie immer wieder zu Hilfe zu nehmen, wenn man selber traurig ist.
○ »Jetzt hörst du den Klang der Triangel. Bis er verklingt, bist du wieder ganz bei uns im Kindergarten (Zu Hause, Schule). Du öffnest deine Augen und bewegst deine Füße.	△ Triangel zum Zurückkehren einsetzen.
○ »Was habt ihr jetzt erlebt, wie ist es euch gelungen, das Kind fröhlich zu machen?«	△ Wir sprechen darüber, was jeder erlebt hat.
○ »Jetzt wollen wir vor Freude tanzen, weil wir alle glücklich sind!«	△ Wir legen lustige Musik auf, z.B. *Polka Party* (James Last) und tanzen vor Freude durch den Raum.

Anmerkung

Sollte ein Kind nach der Übung einen sehr gedrückten Eindruck machen oder während der Übung starke Emotionen zeigen, kann dies ein Hinweis darauf sein, dass das Kind negative Erfahrungen verdrängt hat. Es wäre dann dringend nötig, mit seinen Eltern zu sprechen (als Erzieherin) und gegebenenfalls Rat bei einem Kinderpsychologen zu suchen. Haben Sie keine Scheu, professionelle Unterstützung anzunehmen. Vielleicht braucht dieses Kind echte Hilfe. Es wird Ihnen Ihren Einsatz mit einer befreiten Seele danken!

Weiterführungsmöglichkeiten

○ Jedes Kind sucht aus Zeitungen, Katalogen u.ä. traurige und fröhliche Gesichter. Wir schneiden die Bilder aus und kleben sie als Fotocollage auf.

○ Kasperltheater erfinden, z.B. »Wie der Kasperl die traurige Prinzessin wieder fröhlich machte« (viele Späße, aber auch tröstende Gesten einbauen).

Hell leuchtet mein Stern!

Oft habe ich als Kind in den Himmel geschaut und meinen Lieblingsstern gesucht. Mit dem Teleskop meines Bruders kamen die Sterne näher und wurden glänzend hell. Wie aufregend waren diese Zeiten – ich war überzeugt, dass dort oben am Himmel mein ganz persönlicher Glücksstern wohnte! Für mich waren die Sterne eine fröhliche Schar, die mir oftmals geheimnisvoll zuzwinkerten und ich zwinkerte verschwörerisch zurück – dort oben, auf meinem Stern, das war klar, war mein geheimes Paradies. Er stand über unserem Haus und hielt Wache, wenn ich schlief. Als Jugendliche projizierte ich all meine Sehnsucht in die Sternenwelt – sicher suchte ich dort unbewusst nach Führung und Geleit in der schwierigen Zeit der Selbstfindung. Heute noch sind mir die Sterne Wegweiser. Sie machen mir immer wieder klar, wie klein und vergänglich unser menschliches Dasein ist, und geben mir Kraft, Probleme nicht so ernst zu nehmen! So erlebe ich bei einem Elternabend etwas Wunderbares, als ich zu Beginn mit den Eltern hinausging und die Sterne beobachtete. Die Teilnehmer suchten sich einen Stern heraus, der sie besonders ansprach. Im stillen Dialog bot jeder seinem Glücksstern seine Probleme dar. Nach dem Abend kam eine Mutter auf mich zu und erzählte, dass ihr die Übung sehr geholfen habe. Sie kam von einer Beerdigung zum Elternabend und hatte furchtbare Kopfschmerzen. Sie fühlte sich traurig und schwer. Während der Übung konnte sie ihrem Stern alles anvertrauen. Sie empfand dies als sehr real, da ihr Kopfweh verschwand und die Traurigkeit sich löste. Wir waren beide sehr ergriffen von diesem Ereignis.

Den Kindern will ich mit der folgenden Übung vermitteln, dass für sie jederzeit ein guter Stern am Himmel steht, so wie ja auch für das Christuskind ein Stern leuchtete. Da alle Menschen Kinder Gottes sind, hat dieser gewiss für jeden einen Stern an den Himmel gesetzt.

Raumgrundgestaltung

Verdunkelbarer Raum. Gestaltung der Mitte: eine Schale mit Kerze.

Material

Viele Teelichter, die im ganzen Raum verteilt aufgestellt werden. Für jedes Kind ein Filmdöschen mit Sternenstaub (Goldglitzer, mit Sternchen vermischt).

Gruppenstärke

Sechs bis acht Kinder.

Musik

Aeoliah: *Inner Sanctum.*

Anleitung	Pädagogische Hinweise
○ Die Kinder betreten den noch hellen Raum. Dann entzünde ich alle Kerzen und verdunkle den Raum. Die Kinder setzen sich auf ein Kissen.	△ Nächtliche Stimmung schaffen.
○ »Woran erinnert euch jetzt unser Raum?« »Die Kerzen könnten Sterne sein.«	□ Phantasie und Sprache fördern.
○ »Heute wollen wir eine Reise zu den Sternen machen! Dazu dürft ihr euch alle hinlegen.	△ Die Kinder über das Folgende informieren und sie zum Hinlegen auffordern.
○ Bitte legt euch alle so, dass euer Kopf zur Schale mit der Kerze zeigt und die Füße nach außen liegen. So sehen wir gemeinsam wie ein großer Stern aus!	△ Beziehung zu dem Stern herstellen, indem die Gruppe gemeinsam einen Stern darstellt.
○ Wenn ihr euch umschaut, könnt ihr den Stern, den wir gemeinsam darstellen, erkennen.	△ Zeit geben, um das Gruppenbild zu erfassen.
○ Nun legt euch auf euer Kissen und kuschelt euch in eure Decke ein.«	△ Entspannte, ruhige Atmosphäre schaffen.
○ »Zu Beginn höre einfach der schönen Musik etwas zu.«	△ Leise Meditationsmusik anstellen z.B. Aeoliah: *Inner Sanctum*.
○ »Schließe deine Augen und atme tief ein.«	□ Aufforderung verstehen und befolgen lernen.

○ »Stelle dir vor, dass es schon Abend ist und du in deinem Bett zu Hause liegst, da denkst du: Ich muss noch einmal aus dem Fenster schauen, vielleicht leuchten die Sterne! Du stehst auf und schaust aus dem Fenster – wie wundervoll die Sterne funkeln – doch was ist das? Ein Sternchen fängt plötzlich hell und heller zu leuchten an – es blinkt sogar, du siehst es ganz genau!

☐ Zuhören lernen.

○ Vielleicht wechselt es sogar die Farben?«
»Du hörst eine helle freundliche Stimme: › Hallo ich bin dein Glücksstern! Und heute ist deine Glücksnacht. Du bist bereits im Land der Phantasie und darum darfst du mich besuchen. Du kannst einfach zu mir fliegen.

△ Zeit geben.

○ Stelle dir eine Rakete oder ein Flugzeug vor oder magst du mit eigenen Flügeln zu mir kommen? Du musst es dir nur wünschen und schon geht die Reise los!‹ Das Fenster öffnet sich, und schon fliegst du davon. Höher und höher vorbei an anderen Sternen, bis du auf deinem Stern landest. Jetzt schau dich um, wie sieht es hier aus?«

☐ Eine eigene Entscheidung treffen lernen.

△ Zeit geben.

○ »Gibt es dort Menschen, Tiere oder Pflanzen? Oder gibt es Wesen aus dem Märchen – Zwerge und Feen auf deinem Stern?«

△ Raum für eigene Bilder lassen.

△ Impulse setzen.

△ Zeit geben.

○ »Da hörst du die freundliche Stimme deines Sternes wieder: › Herzlich willkommen! Wie schön, dass du da bist.‹
Bei diesen Worten wird es dir ganz warm ums Herz und du spürst, dass der Stern dich gerne hat – er ist ja dein Glücksstern!

□ Spüren, dass man angenommen wird.

○ Der Stern spricht weiter: › Schau dich nur um bei mir! Ich verrate dir ein Geheimnis! Immer wenn du einmal Glück brauchst, kannst du zu mir kommen und bei mir tief ein- und ausatmen, denn hier gibt es Glücksluft für dich und darum werden deine ganze Brust und dein Bauch mit Glück gefüllt, wenn du bei mir tief ein- und ausatmest.

△ Motivation aufrecht erhalten.

○ Versuche es einmal – atme jetzt tief und langsam ein ... und nun atme genauso langsam wieder aus.

□ Den Atem bewusst erleben und dadurch entspannen.

○ Ja, das machst du ganz prima. Atme weiter, schau, ich schicke dir goldenen Sternenstaub zum Einatmen und du fühlst jetzt, wie glücklich du wirst, da in dir das Sternenlicht ist. Es leuchtet in dir – es wärmt dich und macht dich froh!

△ Die Kinder loben und auf diese Weise weiter motivieren.

○ Denke immer an mich und besuche mich, wenn du Glück brauchst. Aber jetzt musst du zurückfliegen, es ist ja schon spät und du musst in

□ Die Kinder lernen, dass sie selbst auf Phantasiereise gehen können, um Glück zu erfahren.

dein Bett, damit du morgen wieder ganz munter bist – gewiss wirst du morgen sehr viel Glück haben, denn du hast ja goldenen Sternenstaub in deinem Herzen. Komm bald wieder, kleiner Freund.‹

Du spürst, dass du jetzt zurückfliegen wirst und schon geht's los …«

○ »Plötzlich stehst du wieder am Fenster. Du schaust in den Himmel – dort leuchtet dein Stern ganz hell und er blinkt so, als wollte er dir zuzwinkern. Auch du zwinkerst ihm zu, denn nur ihr beiden wisst, dass er dein Glücksstern ist.

△ Zeit geben.

○ Du gehst in dein Bett zurück, legst dich hinein, spürst die weiche Decke, dein Kopfkissen, du schläfst ein, bis zum nächsten Morgen ruhst du dich aus …«

△ Aufmerksamkeit wieder auf den Körper des Kindes lenken.

△ Zeit lassen, um das Imaginierte wirken zu lassen; die Verdunkelung des Raumes aufheben.

○ »Es ist Morgen, Zeit zum Aufstehen, du öffnest die Augen. Reckst und streckst dich.« Wir setzen uns alle auf, und schauen uns im Raum um.

△ Darauf achten, dass alle Kinder wieder ganz »wach« sind.

○ Jedes Kind bekommt ein schwarzes Filmdöschen mit Sternenstaub darin als Erinnerung an seinen Glücksstern.

Diese Sternenglücksluft ist natürlich nicht zum Einatmen, sondern nur zum Ansehen gedacht!

△ Das »Sternenlicht« besteht aus Goldglitzer, der mit Sternchen vermischt ist (Bastelbedarf).

Weiterführungsmöglichkeiten

° Die Kinder können das Erlebte nach der Phantasiereise auf schwarzes Tonpapier malen. Stellen Sie Kleber und Glitzer zur Verfügung, damit die Kinder den Sternenstaub darstellen können!

° Eine Nachtwanderung machen.

° Besuch einer Sternwarte.

° Wir erfinden gemeinsam die Geschichte: Wie das kleine Kind seinen Glücksstern besuchen durfte (Sprachförderung).

° Legen Sie zusammen mit den Kindern auf schwarzen oder dunkelblauen Tüchern mit Legematerial die Glückssterne.

° Wir stellen die Phantasiereise im Rollenspiel dar. Jedes Kind wird mit einbezogen. Wir können z.B. vorher viele kleine Sternstirnbänder oder Kronen basteln, damit viele Kinder die Sterne am Himmel spielen können. Bevor wir spielen, einigen wir uns auf einen bestimmten Ablauf. Die Geschichte sollte vorher von der Erzieherin festgehalten werden und sich aus Teilen der Kinderphantasien zusammensetzen. So könnte z.B. eine Rakete von Kind A darin vorkommen und ein kleiner Zwerg von Kind B usw.

Ich bin schön

»Ich bin schön«, wer getraut sich dies so ohne weiteres auszusprechen? Nicht einmal mehr Kinder besitzen jenes natürliche Selbstwertgefühl, aufgrund dessen ihnen eine solche Aussage selbstverständlich erschiene. Entweder haben wir Angst, als eingebildet zu gelten, oder aber, wie in den meisten Fällen, glauben wir wirklich nicht daran. Erfahrungen, die uns Umwelt und Fernsehen tief eingeprägt haben, wirken in uns. Dabei gaukeln uns »Werbegespenster« im Kopf herum, deren Gesichter an Schaufensterpuppen erinnern. Nur das Äußere scheint zu zählen. Die wahre Schönheit aber, die auf die Ausstrahlungskraft eines Menschen, seine Würde und Liebesfähigkeit zurückgeht, droht uns verloren zu gehen. Erst wenn wir »Ja« zu uns sagen, uns mit unseren Unebenheiten anfreunden und sie annehmen, kann hervortreten, was in uns liegt. Dann bekommen wir gute Laune und geben sie an andere weiter. So tragen wir auch zur Schönheit unserer Umgebung bei.

Die folgende Übung habe ich entwickelt, damit unsere Kinder frühzeitig erkennen, dass wir dankbar dafür sein müssen, dass unsere Sinnesorgane funktionieren. Wenn wir unserem Körper dankbar sind, strahlt er vor Freude. Diese Freude bewirkt nicht nur Freundlichkeit bei anderen – ein freundlicher Mensch ist auch schön!

Raumgrundgestaltung

Für diese Übung eignet sich der Waschraum (Bad), da wir dort meist genügend Spiegel an den Wänden haben. Wir stellen für jedes Kind einen Stuhl vor seinen Spiegel. Ein Brettchen oder dicke Pappe wird auf das jeweilige Waschbecken gelegt, so dass eine Art Tischchen daraus entsteht. Schöner ist es, bei indirektem Licht zu arbeiten, da es die Gesichter »weicher« macht.

Material

Für jedes Kind ein Töpfchen mit verschiedenen Fenstermalfarben (Fingerfarben); pro Kind ein kleines Cremedöschen (Achtung! Wenn sie Kinder dabei haben sollten, die zu allergischen Hautreaktionen neigen, besorgen Sie eine Creme, die diese Kinder vertragen); ein Klanginstrument.

Gruppenstärke

Maximal sechs Kinder.

Anleitung	Pädagogische Hinweise

Wir betreten den Waschraum und jedes Kind nimmt vor einem Spiegel Platz. »Heute wollen wir uns selber etwas genauer kennen lernen. Wir wollen uns im Spiegel betrachten.

○ Weil das erstmal lustig ist und auch etwas komisch, könnt ihr zunächst so lange Grimassen machen und in den Spiegel lachen,

□ Der Erklärung zuhören und sich mit der neuen Situation vertraut machen.

○ bis ihr den Klang meines Instrumentes hört. Ich lasse ihn zu Beginn und am Ende ertönen. Danach sind wir ganz ruhig!

△ Ton anschlagen.

△ Den Kindern Zeit zum Lachen geben, um Unsicherheiten abzubauen.

○ Nun wollen wir ruhig sein. Schließe jetzt deine Augen und atme stark aus.

△ Ton erneut anschlagen.

△ Einige Atemzüge warten.

○ Wenn du dann die Augen öffnest, schaue mit ganz weichem, sanftem Blick in den Spiegel. Schaue dich ganz ruhig an.
Jetzt schau einmal besonders deine Augen an, vorsichtig betaste mit deinen Fingern deine Augenlider und deine Augenbrauen.

□ Körperwahrnehmung schulen.

○ Nun schließe deine Augen, kannst du sie dir vorstellen? Welche Farbe haben deine Augen?

□ Erinnerungsvermögen stärken.

○ Kannst du dich an etwas sehr Schönes erinnern, das deine Augen einmal gesehen haben?	△ Impuls setzen.
	☐ Sehsinn bewusst machen.
	△ Zeit lassen.
○ Wie toll ist es, Augen, die sehen können, zu haben! Welch schöne Augen!	☐ Selbstwertgefühl stärken.
○ Sage dir selber: › Meine Augen sind schön – ich bin schön!‹ «	☐ Liebe und Dankbarkeit für den eigenen Körper wecken.
○ »Nun sieh deine Nase an, betaste sie, dann schließe die Augen, kannst du dir deine Nase vorstellen? Erinnerst du dich an einen guten Duft, den du mit deiner Nase riechen konntest?	☐ Taktilen Sinn und Körperwahrnehmung schulen.
	☐ Geruchssinn bewusst machen.
○ Es ist wunderbar, eine Nase zu haben – nun schaue sie noch einmal im Spiegel an und sage dir im Stillen:	△ Zeit lassen.
○ › Meine Nase ist schön – ich bin schön.‹ «	☐ Selbstwertgefühl stärken.
○ »Schau, deine Lippen, dein Mund, wie er lachen kann, betaste deine Lippen, spüre die zarte Haut deines Mundes. Nun schließe wieder die Augen, kannst du dir deinen Mund vorstellen?«	☐ Taktilen Sinn und Körperwahrnehmung schulen.

Ich schau mich im Spiegel an!
Was ich da wohl sehen kann?
Augensterne wunderbar,
und die freche Nase da,
kleiner roter Mund,
mein Gesicht – fast kugelrund.
Alle können sehn:
»Ich bin wunderschön!«

181

○ »Kannst du dich an deine Lieblingsspeise, die du mit deinem Mund essen kannst, erinnern?
Wie gut ist es, einen Mund zu haben, um mit ihm zu essen, zu sprechen und zu lachen.
Welch guter Mund – ein schöner Mund. Öffne jetzt die Augen, sieh dich an und sage dir selber: › Mein Mund ist schön – ich bin schön!‹

□ Geschmackssinn bewusst machen.

□ Erinnerungsvermögen stärken.

○ Jetzt schau dein ganzes Gesicht an, wie schön es ist. Zum Dank wollen wir es eincremen, leicht massieren und streicheln.
Mit den Fingerfarben könnt ihr jetzt euer Gesicht auf dem Spiegel nachmalen, das sieht gewiss lustig aus!«

△ Wenn Sie das Gefühl haben, dass die Kinder noch motiviert genug sind, können Sie mit Wangen, Stirn und Haaren weitermachen.

□ Das Gesicht als Ganzes wahrnehmen und Dankbarkeit dem Körper gegenüber ausdrücken lernen.

Weiterführungsmöglichkeiten

° Gesichtsmassage als Partnerübung (siehe Massagekapitel).

° Lassen Sie die Kinder ihr eigenes Porträt auf Papier malen.

° Ein Schattenbild (Gesicht von der Seite) erstellen: Mithilfe eines Diaprojektors und Papier, das an die Wand gehängt wird, kann das Gesicht des Kindes auf das Papier übertragen werden. Der Erwachsene zeichnet das Gesicht des Kindes auf, das zwischen dem Projektor und dem Papier steht.

Das Kind kann dann sein eigenes Gesicht ausschneiden, auf ein schönes Papier kleben und eventuell ausmalen.

° Lassen Sie die Kinder ihr Gesicht aus Ton formen.

° Sinnesübungen jeder Art, z.B. verschiedene Obstsorten betrachten, anfassen, riechen und schmecken.

° Kleben Sie eine Collage aus Fotos und Bildern von Gesichtern.

Mein Engel

Was wir Erwachsene unter einem Engel verstehen, hängt zum einen von unserer religiösen Prägung ab, zum anderen davon, wie vernunftbetont wir sind und leben. Für den einen mag eine gute Wendung in seinem Leben ein glücklicher Zufall sein, für den anderen eine Fügung Gottes. Für die Kinder jedoch spielt beides erst einmal keine so große Rolle. Zufall und Gott sind abstrakte Größen, die das Kind noch nicht kognitiv erfassen kann. Es zählt nur, was ist! Für Kinder heißt das, wenn mir etwas Gutes widerfährt, freue ich mich. In ihrem Bedürfnis nach Geborgenheit wollen sie selbstverständlich möglichst viele Glück bringende Momente erleben. Wir sollten versuchen, ihnen dabei zu helfen, um ihr Urvertrauen zu stärken. Der Glaube an einen Engel – an die gute Kraft –, der uns stets zur Seite steht, kann dem Kind dabei eine gute Hilfe sein! Ein Engel ist persönlicher als Gott. Von unserem Engel können wir uns ein Bild machen – unser eigenes Bild. Bei Gott wird das viel schwieriger, noch dazu, wenn wir als Kinder hören, dass er überall ist! Engel dagegen begleiten Kinder, jedes hat seinen ganz persönlichen Engel! Er stellt eine Brücke zu der unbekannten großen Lebenskraft Gott dar und bringt uns ihm näher. Er steht Kindern in jeder schwierigen Situation helfend zur Seite. Hüten Sie sich aber davor, Kindern ein Engelsbild zu vermitteln, wonach Engel jegliches Unheil abwenden! Ein solches Bild kann nur zu Enttäuschungen führen. Engel vollbringen nicht immer Wunder. Sie geben uns aber Mut und Stärke, sie helfen uns, mit Schwerem fertig zu werden. Ich bin daher der Auffassung, dass der Glaube an Engel Zuversicht und Selbstvertrauen bei Kindern weckt.

Im Gespräch mit Kindern wird deutlich, wie sehr für sie das Gute mit dem Schönen verbunden ist. Sie erzählen begeistert, wie sie sich ihren Engel vorstellen. Gold, Silber, edle Stoffe – hauchdünn natürlich – und viel Glitzer gehören für sie dazu.

Als ich diese Übung entwickelte, wollte ich einfachheitshalber mit den Kindern einen großen Engel als Gemeinschaftsarbeit gestalten. Es stellte sich aber heraus, dass immer mehr Kinder anfingen, ihren persönlichen Engel daneben zu malen. Es wurde deutlich, dass die Kinder sich einen direkten Bezug zu ihrem Engel wünschten. Sie wollten ihrem Engel ganz alleine Gestalt und Form geben. Ihnen lag mehr an einem persönlichen Engel, und sei er noch so klein, als an einem »Gruppenengel«. Er entsprang ihrem Herzen, war ihr guter Freund und Schutzengel. Uns Erwachsenen wünsche ich, dass wir den Glauben an die gute Kraft, die stets mit uns ist, aufrecht erhalten können, um uns in ihr geborgen zu wissen!

Die Übung »Mein Engel« wird auf zwei Tage verteilt, daraus ergeben sich Teil I und Teil II.

Manchmal stelle ich mir vor,
dass zwei weiche, goldweiße Flügel
sich um mich schmiegen,
ich kann mich sachte darin wiegen,
schlafe selig ruhig dann ein –
mein Engel – er wird bei mir sein!

Teil I

Raumgrundgestaltung

Gestaltung der Mitte: Chiffontuch (oder Seide) in heller Farbe; eine Kerze als Symbol für das Licht; ein Bergkristall für Teil II.

Material

Malpapier, Glanzpapier, Glitzer, Sternchen und alles, was sich zur »Engelsgestaltung« anbietet. Klebstoff, Scheren und Malstifte für jedes Kind; acht Schleifen, um die Engelsbilder zusammenrollen und binden zu können.

Gruppenstärke

Acht Kinder.

Musik

Aeoliah: *Angel Love.*

Anleitung (Teil I)

○ Jedes Kind sucht sich einen Platz. Wir betrachten die brennende Kerze.

○ »Sie spendet uns Licht, sie gibt uns Wärme und schenkt uns Freude. Die Kerze kann uns daran erinnern, dass Gott uns liebt.

Pädagogische Hinweise

☐ Still werden.

☐ Die Symbolik der Kerze intuitiv erfassen.

○ Manchmal aber fühlen wir uns allein und verlassen, dann können wir daran denken, dass Gott uns einen besonderen Freund gegeben hat.
Dieser Freund ist ein Engel. Wir müssen nur lernen, uns unseren Engel vorzustellen. Unserem Engel können wir alles sagen, er versteht uns, er geht immer an unserer Seite, um uns zu helfen.
Manchmal geschieht etwas in unserem Leben, das uns nicht so gut gefällt und das uns traurig macht. Dann wird der Engel uns helfen, einen Ausweg zu finden. Er gibt uns Kraft, damit wir wieder froh werden können. Wir müssen nur an unseren Schutzengel denken und ihn bitten, uns beizustehen.
Jeder Mensch kann sich seinen Engel so vorstellen, wie er möchte, auch du! Wir wollen es gemeinsam versuchen.«

○ »Schließe die Augen: Stelle dir nun vor, dass du die Füße oder Schuhe deines Engels sehen kannst. Wie sehen sie aus?
Nun lass deinen Blick weiter wandern, du siehst den Saum des Kleides – du siehst das ganze Kleid.«

□ Wir lernen, welche Bedeutung Engel in unserem Leben haben und wie wir mit ihnen in Verbindung treten können.

△ Das personifizierte Gute gibt Kindern das Gefühl der Geborgenheit und bestärkt sie darin. Das Gute in Person eines Engels schafft einen direkten Bezugsrahmen, bei dem das Kind einen Ansprechpartner hat. Der Engel ist ein Freund, der ein Gesicht, Hände, Füße und nach kindlicher Vorstellung meist auch Flügel besitzt. Flügel symbolisieren seit alter Zeit die Seele, das Geistige. Vielleicht, weil man unwillkürlich an Leichtig-

□ »Welche Farbe hat es – ist es aus dünnem oder dickem Stoff?
Jetzt kannst du auch das Gesicht deines Engels sehen, schau es dir genau an!
Sieh die Haare, schau wie groß er ist. Ist er größer oder kleiner als du oder gar genauso groß wie du?

keit dabei denkt und daran, dass Flügel uns von der Erdanziehung lösen und wir befreit in den Himmel fliegen könnten.

△ Geben Sie den Kindern genügend Zeit, damit das Engelsbild entstehen kann.

○ Hat er einen Namen? Frage ihn danach! Oder denke dir einen schönen für ihn aus!
Wir wollen uns erzählen, wie wir uns unseren Engel vorstellen.
Ich habe euch Papier und viele schöne Sachen mitgebracht. Damit kann nun jedes Kind seinen Engel malen und gestalten!

△ Hat der Engel einen Namen, ist er mir gleich vertrauter und ich weiß, wie ich ihn rufen kann.
Es ist möglich, dass die Kinder schon während der Phantasiereise nach verbalem Ausdruck verlangen, lassen Sie sie dann erzählen und bestehen Sie nicht auf Stille, da dies die lebendige Erfahrung eher hemmen würde!

○ Jeder von euch sucht sich einen Platz am Boden und bekommt Papier, Stifte, Glitzer usw.

△ Anweisung zur Gestaltung geben.

○ Jetzt dürft ihr euren ganz persönlichen Engel malen und schmücken.«

△ Achten Sie darauf, dass die Kinder genügend Klebstoff verwenden, da sonst die Enttäuschung groß ist, wenn der Engel allen Glitzer wieder verliert!

○ Wir betrachten all die schönen Englein. Jedes Kind darf sein Bild mit nach Hause nehmen. Vorsichtig rollen wir das Blatt zusammen und binden eine schöne Schleife darum.

△ Bei der Betrachtung hören wir Meditationsmusik (z.B. Aeoliah: *Angel Love*).

Teil II

Musik

Aeoliah: *Angel Love*.

Raumgrundgestaltung

Die Mitte wird wie in Teil I beschrieben gestaltet. Neben die Kerze stellen wir einen Bergkristall.

Anleitung (Teil II)	Pädagogische Hinweise
○ Wir bilden sitzend einen Kreis um die Kerze und den Bergkristall. »Wir wollen die Kerze und den Bergkristall anschauen und der Musik lauschen. Schaut, der Kristall erinnert mich an die Engel – er ist so schön und klar!«	△ Meditationsmusik anschalten und leise während der gesamten Übung laufen lassen. Der Bergkristall wird in seiner Reinheit symbolisch dem Christuslicht zugeordnet.
○ »Gestern haben wir unsere Engel gestaltet, heute will ich euch zeigen, wie wir unseren Engel noch besser kennen lernen und was wir mit ihm erleben können. Kannst du dich noch an den Namen deines Engels erinnern – dann denke ganz fest daran.«	△ Stille werden.
○ »Schließe jetzt deine Augen. Nun stelle dir einen Regenbogen vor – so wie ein Tor, durch das du gehen kannst. Du weißt, auf der anderen Seite wartet dein Freund – dein Engel auf dich. Du gehst jetzt durch das Tor. Du kannst ihn sehen.	△ Der Regenbogen symbolisiert Brücke und Tor, über die bzw. durch das man in die geistige Welt eintritt.

○ Schau, wie wunderschön er ist.

○ Sieht er heute ebenso aus wie gestern, oder hat er sich ein wenig verändert? Engel können sich ja immer wieder verändern, wenn du dir das wünschst. Freudig trittst du ihm entgegen. Er begrüßt dich herzlich, vielleicht umarmt er dich?«
»Dein Engel sagt dir, dass er dir heute ein kleines Stück vom Himmel zeigen will. Du nimmst seine Hand und schon seid ihr da!

○ Nun schau dich um. Du stehst mit deinem Engel in einem wunderschönen Palast, man kann auch Tempel dazu sagen. Überall ist es licht und du fühlst dich ganz leicht und glücklich!

○ Das ist der Tempel der Freude. Wer hierher kommt, wird voller Freude sein.
Schau, an den Wänden sind viele schöne Kristalle.

○ Du hörst himmlische Musik, du tanzt freudig mit deinem Engel, fast fliegst du, so leicht bist du geworden – leicht wie ein kleiner Vogel!

○ Dein Engel sagt: › Ich schenke dir etwas – ich schenke dir einen Glückskristall vom Himmel!‹ Er legt ihn dir in deine Hand. Wie wunderschön er ist!

△ Zeit lassen für das innere Engelsbild.

△ Lassen Sie die Kinder die Erfahrung machen, dass Engel durch ihre Kraft auf die Bedürfnisse der Kinder einzugehen vermögen.

△ Auf symbolische Weise wird das biblische Wort »Ihr seid alle Tempel Gottes« wahr.

△ Wer Gott in sich findet, wird voller Freude sein.

△ Das Leichte steht für die Leichtigkeit der befreiten Seele.

△ Ein Geschenk verbindet nicht nur, es zeigt uns auch, dass wir geliebt und geachtet werden.

Der Engel sagt: › Diesen Stein kannst du nur hier sehen – in deiner Welt ist er unsichtbar – aber du weißt, dass er bei dir ist, so wie ich – dein Engel – immer bei dir bin! Du musst nur an mich denken und mich rufen, sogleich wirst du fühlen, dass ich da bin!

Jetzt aber gehen wir zum Regenbogentor und du kehrst zurück in deine Welt – vergiss nicht, auch wenn du mich mit offenen Augen nicht sehen kannst, ich bin da!‹

Du gehst jetzt durch das Tor zurück in unsere Welt. Nun öffne die Augen und strecke dich ein wenig. Wir wollen uns von unseren Himmelserlebnissen erzählen.

Jetzt geben wir unseren Bergkristall herum, jeder darf ihn berühren und genau anschauen. Er wird uns an unseren Himmelskristall erinnern und darum auch an unseren Engel. Wir wollen einen schönen Platz für ihn suchen, damit wir ihn jeden Tag anschauen können. «

Kinder erfahren, dass wir in der irdischen Welt zu Hause sind, aber immer mit der geistigen Welt in Verbindung treten können (ähnlich dem Gebet).

Weiterführungsmöglichkeiten

° Wenn Sie gerne religionspädagogisch arbeiten, können Sie biblische Geschichten erzählen, die zum Jahreskreis passen und in denen Engel eine Rolle spielen, z.B. Maria Empfängnis, Verkündigung der Geburt Jesu bei den Hirten, Weihnachtsgeschichte, Ostern – der Engel am Grab Jesu (Bilderbuch aus der biblischen Reihe: Jesus ist auferstanden).

° Wir schneidern ein Engelsgewand (oder knüpfen mit Tüchern ein solches), damit die Kinder im Rollenspiel selber Engel sein dürfen (hierbei identifizieren sie sich mit dem Guten).

Statt eines Nachwortes

Kraftquellen für Kinder

Wenn die Kinder mit den Übungen des Buches vertraut sind, kommt es immer öfter vor, dass sie spontane Spielideen entwickeln. Unsere Couch leistet dabei gute Dienste. Setze ich mich auf sie, wissen die Kinder, dass ich »zu haben« bin. Zwei Jungen aus meiner Gruppe fanden das sehr schnell heraus und näherten sich mir als »Katzenbabys«, sie wollten kuscheln und – wie Katzen es lieben – gekrault werden. Hörte ich zu früh damit auf, jaulten sie fürchterlich oder zeigten mit ihren »Pfoten« an, dass ich weitermachen sollte. Einige Tage wiederholte sich dieses Spiel. Plötzlich entwickelte sich daraus eine Spieldynamik, die auf die ganze Gruppe übergriff. Alle Kinder versammelten sich auf dem Teppich vor der Couch und miauten. Da ich ja nur zwei Hände zum Kraulen besitze, fingen die Kinder an, sich gegenseitig zu kraulen. Am meisten berührte mich dabei, dass ein Junge, der nicht nur Körperkontakt mit uns Erziehern mied, sondern auch Sprachschwierigkeiten hatte, sich im Schutz der Gruppe an mich heranpirschte und als »Katzenbaby« von mir berühren ließ.

Da wir das ganze Jahr über den Kindern eine Verwöhnecke zur Verfügung stellten (mit Creme, Massagerollern, Igelbällen, Fellchen, Fußrollen zur Reflexonenstimulierung und Gesichtspinseln), kommt es oft vor, dass Kinder sich selbst massieren oder in Paaren und Kleingruppen »Massagestudios« eröffnen.

Und wenn Sie insgeheim von einem Wochenende auf einer Beauty-Farm träumen, dann lassen Sie sich doch von Ihren Kindern verwöhnen: Eine Gesichtsmassage, eine Lockerung der Gelenke, eine Fußreflexzonenmassage oder dicke Cremepackungen sorgen für Ihr Wohlbefinden. Oder lassen Sie sich von ungewöhnlichen Schminkvariationen und Frisuren überraschen. Wer könnte sich Schöneres vorstellen?

In einer Gruppe oder Familie, in der solche Spiele Raum haben, fühlen sich Kinder frei und geborgen. Frei, weil sie Ungewöhnliches ausprobieren können (darum sollten Sie als Erzieher auch nicht vor dem Beauty-Programm zurückschrecken!) und geborgen, weil ihnen der natürliche Körperkontakt signalisiert, dass sie geliebt und akzeptiert werden.

In einer solchen Gemeinschaft entwickeln sich Kinder zu kreativen und liebesfähigen Menschen. Darum dürfen die Übungen in diesem Buch nicht als ein seperates Arbeitsgebiet aufgefasst werden. Vielmehr dienen sie der Gesamtentwicklung der Kinder in allen Bereichen. Lassen Sie die Übungen immer wieder einfließen. Sie werden sehen, dass sich die Kinder entfalten und aufgrund der Übungen auch neue, eigene Spiele entwickeln, wenn Sie ihnen das nötige Material zur Verfügung stellen!

Grenzen und Möglichkeiten

Vielleicht fragen Sie sich, ob diese Übungen auch der therapeutischen Arbeit mit Kindern dienen können. Gewiss können Sie die Übungen anwenden, um Kindern zu helfen. Jedoch sollten wir uns als Erzieher und Eltern darüber im Klaren sein, dass die vorgestellten Übungen einem Kind mit größeren Schwierigkeiten wahrscheinlich nicht genügen werden, diese zu bewältigen.

Manchmal sind wir mit den Problemen eines Kindes schlichtweg überfordert, so dass das Kind sowie dessen Eltern und Erzieher erfahrene, fachlich qualifizierte Unterstützung brauchen. Scheuen Sie sich nicht, sie in Anspruch zu nehmen. Die Übungen können dann nach Absprache mit dem Therapeuten therapiebegleitend eingesetzt werden. Wenn sich ein hyperaktives Kind in Ihrer Gruppe befindet, bieten die kreativen Bewegungsmöglichkeiten einen guten Einstieg. Hyperaktive Kinder müssen überschüssige Kraft und Spannungszustände in positiver Weise abbauen lernen, bevor sie ruhig werden können. Achten Sie aber darauf, dass gerade diese Kinder genaue Anweisungen bei allen Übungen bekommen und dass sie lernen müssen, ihnen zu folgen. Sonst kann es geschehen, dass die Kinder die Kontrolle über ihre Bewegung verlieren und Sie eher das Gegenteil von dem erreichen, was Sie mit der Übung bezweckten. Hyperaktive Kinder brauchen Grenzen, um zu bestehen und sich orientieren zu können. Wenn sie lernen, Anweisungen zu befolgen, können sie zu einer geordneten Bewegung und Ruhe in ihrem Inneren finden. Sie erfahren dann zum ersten Mal keinen Tadel für ihren Bewegungsdrang, sondern werden darin bestärkt und gelobt. Es gelingt ihnen, den Teufelskreis zu durchbrechen, Selbstwertgefühl aufzubauen und zur Ruhe zu finden.

Sie sollten wissen, dass manche hyperaktiven Kinder sanfte Berührungen als schmerzlich empfinden, feste Massagen jedoch als sehr angenehm. Es ist möglich, dass sie aufgrund eines stärkeren Muskelreizes ihre Körpergrenzen besser spüren und sich dadurch besser orientieren und ins Gleichgewicht kommen können. Gehen Sie jedoch bei jedem Kind individuell vor (siehe Prekop/Schweizer 1996).

Sehr hilfreich sind hier Igelmassagebälle oder eine stärkere Handmassage. Achten Sie bei den angeführten Massageübungen darauf, dass diese Kinder eine stärkere Behandlung erfahren. Oft brauchen hyperaktive Kinder auch den Körperkontakt mit einem Erwachsenen (z.B. auf dem Schoß sitzen), um sich seiner Liebe zu versichern. Wir sollten ihnen dies so oft wie möglich gewähren.

Sollten sich Kinder, die nervös, unkonzentriert, zappelig, launisch oder aggressiv sind, in Ihrer Gruppe befinden, handelt es sich vielfach um Kinder, deren Sinne überfordert wurden. Meistens waren sie zu vielen visuellen, akustischen oder psychischen Reizen ausgesetzt. Hier gilt vor allen Dingen: Bewegung, Bewegung, Bewegung! Jedoch ist es auch hier wichtig, immer wieder Regeln aufzustellen und die Kinder mithilfe von Signalen zu lenken. Regelloses, wildes Toben kann bei manchen Kindern zu noch aggressiverem Verhalten führen! Bewegungsübungen, wie Sie sie in diesem Buch finden, begleiten die Kinder und bringen sie zur Ruhe.

Es gibt aber auch Kinder, die sehr ängstlich und zurückgezogen sind; für sie bieten die Methoden des Buches viele Anreize, über ihren eigenen Schatten zu springen und Selbstvertrauen aufzubauen, um so in der Gemeinschaft besser bestehen zu können.

Nicht jede Übung ist für jedes Kind geeignet, denken Sie daran, wenn Sie sich vorbereiten. Wir wollen die Kinder zum Mitmachen einladen, sie aber niemals dazu zwingen. Ruhe kann niemals vorgeschrieben werden, sondern nur in einem offenen Raum geschehen.

Natürlich soll man auch bei diesen Übungen zur Ordnung rufen, wenn die Kinder zu unaufmerksam sind. Setzen Sie dabei Tonsignale ein. Wer nicht mitmachen will, schaut zu oder verlässt den Raum.

Die Übungen sollten den Kindern als besondere Erlebnisse in Erinnerung bleiben, damit sie immer wieder gerne mitmachen wollen. Ich erkläre ihnen auch, wie wichtig es ist, laut und leise sein zu dürfen! Nach einem sehr bewegten Spielevormittag setzen wir uns gerne gemeinsam hin und werden zusammen ruhig. Bewährte Spiele sind hier z.B. das Seifenblasenspiel, das Federnfallenlassen oder die Hände aufs Herz legen. Kinder spüren, dass es gut tut, stille zu werden. Sie gehen ruhiger und gelassener nach Hause. Setzen wir die Übungen präventiv gegen Disharmonien ein, können die Kinder fröhlich, spontan, kreativ und liebevoll bleiben bzw. diese Eigenschaften noch verstärken. So geben wir ihnen eine gute Basis für ihr weiteres Leben.

Die Übungen im Erzieherteam und mit den Eltern

Wie in der Einleitung bereits erwähnt, sind Vorkenntnisse nicht dringend notwendig, um die vorgestellten Übungen den Kindern anbieten zu können.

Jedoch möchte ich Sie einladen, immer wieder einmal eine Übung auszusuchen und in Ihr Team einzubringen. Die eigene Erfahrung ist der beste Lehrmeister.

Die Übungen verbinden und lassen eine echte Gemeinschaft entstehen. In Stress-Situationen kann eine Ballmassage für Entspannung und Harmonie im Team sorgen. Eine Phantasiereise zum eigenen Glücksstern – gerade dann, wenn wir uns vom Pech verfolgt fühlen – kann uns Erleichterung verschaffen und uns Freude bringen. Der Austausch über das Erfahrene ist auch deshalb so wichtig, weil wir erfassen, was die Kinder dabei empfinden können.

Auch Eltern kann es neue Wege der Kommunikation öffnen, wenn sie gemeinsam Übungen ausprobieren. Laden Sie doch einfach gleichgesinnte Freunde ein, die Lust haben mit Ihren Kindern ebenfalls diesen Bereich zu entdecken und probieren Sie die Übungen zusammen aus. Gestalten Sie doch den nächsten Kindergeburtstag oder andere Feste einmal etwas anders und lassen »Bewegte Stille« entstehen. Je stärker wir uns als Erwachsene darauf einlassen und uns öffnen, umso mehr können wir unseren Kindern davon mitgeben.

Geben wir unseren Kindern also so viel wie möglich an Bewegung und Stille, damit sie im inneren Gleichgewicht bleiben und voller Freude durch das Leben gehen.

Ausklang

Es sei mir von jenen Lesern, denen der beschriebene Bereich schon vertraut ist, verziehen, die Übungen so detailliert ausgeführt zu haben. Mit meiner Freude zum Detail möchte ich erreichen, dass Eltern verstehen, dass ihre Kinder mithilfe der Übungen nicht nur lernen, »stille« zu sein, sondern darüber hinaus weit mehr erfahren und lernen können. Es ist mir außerdem ein Anliegen, den Auszubildenden an den Fachakademien für Sozialpädagogik ein Handwerkszeug zu reichen, mit dem sie ohne Scheu in diese Thematik einsteigen können. Ich hoffe, dass auch sie diese Arbeit weitertragen werden.

Ich wünsche mir, dass die gute Kraft, die mich durch dieses Buch getragen hat, Sie alle erreicht, und Bilder, Gedichte und Texte Sie inspirieren. Möge der Mut zum offenen Herzen Sie niemals verlassen.

Ihre
Sylvia Lendner-Fischer

Anhang

Adressen

Seminarangebote für pädagogisches Fachperso-
nal und Eltern sowie Einzelberatung und ganzheitliche Massage für Kinder und Erwachsene:

Sylvia Lendner-Fischer, Klaus Fischer
Speckbacher Leiten 16
83101 Rohrdorf/Achenmühle (Bayern)
Tel. 080 32 / 15 86

Bei Interesse können Sie unter obiger Adresse ein
Programm anfordern.

Psychotherapie mit Kindern:

Wolfgang Schreiner
Kopernikusstraße 87
28357 Bremen

Bei Wolfgang Schreiner können Sie auch origi-
nal Himalaya Klangschalen beziehen.

Schöne, bei Kindern sehr beliebte Kuschel- und
Meditationsschafwollkissen (Stern und Mond),
naturreine Düfte zur Unterstützung der Stille-
Übungen und viele andere schöne Dinge zu beziehen über:

Bella Donna Versandhandel
Frau Martina Irzig
Postfach 1260
Kohlstattweg 21
83225 Aschau
Tel. 080 52/90 95 52
Fax: 080 52/90 95 53

Bei Interesse an einer Tier-Patenschaft wenden
Sie sich bitte an das:

Delphin-Institut Freiburg
Hexentalstr. 5c
79299 Wittnau/Freiburg
Tel./Fax: 07 61/40 72 50

Musik

Aeoliah: *Angel Love*
Aeoliah: *Inner Sanctum*
René Aubry: *Libre Parcours* (»Fam Fam«)
Enya: *Shephard Moons*
Bill Hailey: *Hit single collection* (»Rock around
the clock«)
Karunesh: *Colours of Light* (»Galabriel«)

Kobialka: *Path of Joy*
Brent Lewis: *Earth Tribe Rhythms* (»Doom Tae a
Doom«)
Loreena Mc Kennit: *The Visit* (»All souls night«,
»Tango to Evora«)
Rondo Veneziano: *Rondo Veneziano* (»Rondo
Veneziano«)
Guem Et Zaka: *Best of Percussion* (»L'abeille«)

199

Literatur

Brunner, Reinhard: *Hörst du die Stille? Meditative Übungen mit Kindern,* Kösel-Verlag, München, 6. Aufl. 1996

Day, Jennifer: *Schließe deine Augen und stell dir einmal vor ... Wie Kinder durch Visualisieren ihr Selbstvertrauen stärken und Probleme lösen,* Kösel-Verlag, München 1996

Goldmann, Jonathan: *Heilende Klänge. Die Macht der Obertöne.* Droemer Knaur Verlag, München 1994

Jansen, Eva: *Klangschalen, Zimbeln, Glocken und Donnerkeile. Funktion und Anwendung,* Verlag Binkey Kok Diener (Niederlande), 2. erw. Aufl. 1994

Maschwitz, Gerda / Maschwitz, Rüdiger: *Stille-Übungen mit Kindern. Ein Praxisbuch,* Kösel-Verlag, München, 5. Aufl. 1995

Maschwitz, Gerda / Maschwitz, Rüdiger: *Gemeinsam Stille entdecken. Übungen für Kinder und Erwachsene,* Kösel-Verlag, München 1995

Maschwitz, Gerda / Maschwitz, Rüdiger: *Aus der Mitte malen - heilsame Mandalas. Anregungen für Kinder, Jugendliche und Erwachsene,* Kösel-Verlag, München 1996

Murdock, Maureen: *Dann trägt mich meine Wolke ... Wie Große und Kleine spielend leicht lernen,* Verlag Hermann Bauer, Freiburg, 7. Aufl. 1995

Prekop, Jirina/Schweizer, Christel: *Unruhige Kinder,* Kösel-Verlag, München, 4. Aufl. 1996

Rücker-Vogler, Ursula: *Yoga und Autogenes Training mit Kindern. Anleitungen, Übungen, Märchen für Kindergarten und Grundschule,* Don Bosco Verlag, München, 3. Aufl. 1993

Rücker-Vogler, Ursula: *Bewegen und Entspannen. Spiele und Übungen für Kinder,* Ravensburger Buchverlag, Ravensburg, 3. Aufl. 1995

Stewart, Mary / Phillips, Kathy: *Kinder spielen Yoga,* Kösel-Verlag, München 1994

Vollmar, Klausbernd: *Farben – ihre natürliche Heilkraft. Farben in ihrer Wirkung auf unser Leben wahrnehmen, ihre Kraft nutzen – Lebensenergie anregen. Das GU Übungsbuch für den schöpferischen Umgang mit Farben und ihre sinnvolle Anwendung,* GU-Gräfe & Unzer, München, 4. Aufl. 1994

Vopel, Klaus: *Bewegung im Schneckentempo,* Iskopress, Salzhausen, 3. Aufl. 1994

Vopel, Klaus: *Im Wunderland der Phantasie,* Iskopress, Salzhausen, 4. Aufl. 1996

Vopel, Klaus: *Reise mit dem Atem,* Iskopress, Salzhausen, 3. Aufl. 1994

Vopel, Klaus: *Zauberhände,* Iskopress, Salzhausen, 3. Aufl. 1994

Vopel, Klaus: *Ausflüge im Lotussitz,* Iskopress, Salzhausen, 3. Aufl. 1994